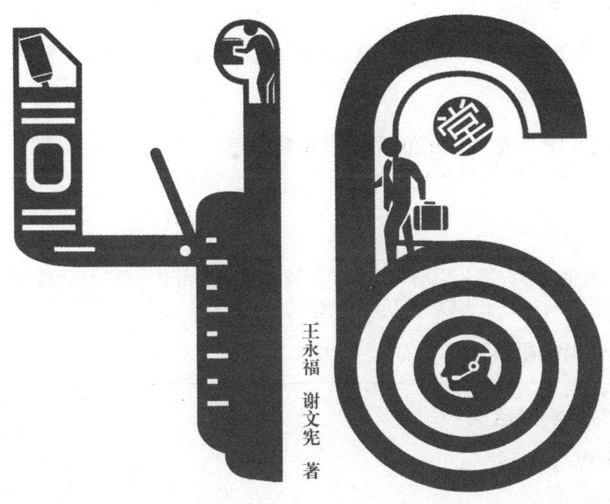

王永福　谢文宪　著

成功说话课

图书在版编目（CIP）数据

46 堂成功说话课 / 王永福，谢文宪著

—北京：企业管理出版社，2017.12

ISBN 978-7-5164-1639-6

Ⅰ. ①4…　Ⅱ. ①王… ②谢…　Ⅲ. ①口才学－通俗读物　Ⅳ. ①H019-49

中国版本图书馆 CIP 数据核字 (2017) 第 296546 号

北京市版权局著作权合同登记号：01-2017-6305

书　　名：46 堂成功说话课

作　　者：王永福 谢文宪

责任编辑：于湘怡

书　　号：ISBN 978-7-5164-1639-6

出版发行：企业管理出版社

地　　址：北京市海淀区紫竹院南路 17 号　　**邮编**：100048

网　　址：http://www.emph.cn

电　　话：编辑部 (010) 68701661　发行部 (010) 68701816

电子信箱：1502219688@qq.com

印　　刷：北京宝昌彩色印刷有限公司

经　　销：新华书店

规　　格：889 毫米 × 1194 毫米　32 开本　6.75 印张　125 千字

版　　次：2017 年 12 月第 1 版　2017 年 12 月第 1 次印刷

定　　价：32.00 元

<作者序 1>

创造成功人生的上台说话术

2017年4月的北京，北京商务中心区的高级饭店，隔着窗户就能看到央视大楼，还能从高处眺望繁忙的北京。在阔别5年后，接受一个特别朋友的邀请，我们安排了极为紧凑的授课行程。一下飞机，我就直奔教室，准备接下来两天的课程，而课程结束不到3个小时，我马上乘当晚的飞机飞回台北。因为第二天还有上市企业的重要课程。

也许我们的课程，真的带来了一些冲击！台下的学员们，是北京创业圈近来火红的团队。每堂课的下课时间，学员们纷纷抓紧时间问问题。不管是简报技巧、授课技巧，还是演讲的技术，我们的回答，总是能命中问题的核心，不仅让大家惊艳，还提供了一些全新、不一样的观点。其实这些上台的技术，以及说出影响力的技巧，公司的创办人早就身体力行，并在前阵子北京一场千人的演讲中，获得了长达5分钟的起立鼓掌。这就是他不计代价，也要把我们邀到北京，为他的团队进一步指导的原因。虽然在北京开这个专班，要花费许多时间和成本，但是看到团队成员在说话及报告技巧上的明显改变，他还是觉得非常有价值！

课程才刚结束，很多朋友也来信询问：“还有机会开班吗？”如同我前面提到的，这几年工作越来越忙，加上两个女儿陆续出生，虽然一直有很多热切的邀约，但是考虑到交通往来及时间成本，我已经很少有时间再东奔西跑上课了。这次是因为这家公司的创办人自己先上了我们的课程，然后才有机会进一步促成了北京专班。像这样的情形，真的很难得。

好消息是，这次《46堂成功说话课》简体版的出版，可以让朋友们不必再等待这样的“难得”，也能通过书中46个不同的案例，学到许多说话技巧。内容涉及简报、演讲，以及如何“说”得更有影响力。书中每个案例故事都是真实的，故事主角也都上过谢文宪老师和我的课程。相信通过主角在真实情景中展现的不同技巧，您也能学到对自己有帮助的观念或想法，并进一步应用到工作实务中。

书中的46个故事，就像46堂课，是我跟谢文宪老师想对您说的一些事情。您不用正襟危坐，只要保持轻松，想象着我们在对您说话。当您掌握了这46堂课的核心概念与重要技巧，并且实际应用，也许，您将会开展一段全新的人生。

您准备好了吗？我们开始上课啰！

知名简报教练 王永福

2017年冬

<作者序 2>

站上台，您就是全场焦点

几年前在上海的企业培训课堂，有场面向高管的“说出影响力”课程演练，现场竞争激烈、剑拔弩张，一个班级20位学员的高张力投入与积极参与，让我印象深刻。

每位学员上台，只要是开场30秒没做好，其他学员就可以轻松判断出来；中间故事的爆点若平淡乏味，大家也可以轻易察觉；收尾结论若是无病呻吟，大家都会兴趣缺缺。这个班级对我所讲授的“三点全露法：切点、爆点、放点”，有了一个指标性的验证。

有位学员以听众的思考角度，开场用了发问法，中场用了道具法，结语走入听众，用强调式的肢体语言与关注的眼神，说出一句动人的结论，下台时不但赢得如雷掌声，并且夺得了当天的冠军。事隔多年，我虽忘了他的名字，但我对他的精彩演绎，记忆犹新。

后来他传了一条短信给我：“宪哥，您这堂说话课，彻底翻转了我在领导心目中的印象。以往公司会议时，我只懂得用我的话语来报告，如今，我学会了用更简洁、更精准的语言沟通汇报。这堂课是我在公司服务8年，最受益的一堂课。”

虽然我经常收到这样的短信，但对我来说，只要是来自学员的肯定，就是我授课生涯的无上光荣。

《46堂成功说话课》是我与简报超级讲师王永福老师共同撰写的，简报、演讲、授课这类技术，是职场上“最不公平”的竞赛，您必须具备这些上台的技术，才能有效发挥专长，赢得先机。

这本书“用故事当开头，用专业当骨干，用第三人视角当结尾”，非常具有可看性，在台湾地区受到非常大的欢迎，期待大陆的朋友们也会喜欢这本实用书籍与书中的观点。

我已有1.1万小时的企业内部授课经验，加上6年广播节目主持人的磨炼，辅以在网络平台职场栏目的文章，期待这本书能够帮助大家在演讲、授课技巧等说话能力方面，更上一层楼。

只要有上台的机会，这本书就是帮助您成为全场焦点的方法论与实务论。

知名企管讲师、作家、主持人 谢文宪

2017年冬

<目录>

<作者序 1 >

<作者序 2 >

第一章　必须提醒的重要观念

1　简报表现好，职场进阶三级跳　2

2　实现“千万”价值的业务演示　8

3　在乎对方想听的，拯救宝贵生命　12

4　台上的成败由谁负责　17

5　热情让听众“买单”　21

6　不是母语也能夺冠　25

7　企业优势与PPT都只是参考资料　30

8　散播光明与力量到每个角落　34

9　想、说、动，call to action　38

第二章　学会演讲的巧妙心法

10 丢开草稿，拿回说话主导权 44

11 点明重点，保住大客户 48

12 五感帮你找到切入点 52

13 从基本功练起 56

14 勇敢，就是最好的表情 59

15 关键时刻，别用“新手套” 63

16 急智演讲者的极致反应 66

17 信不信，很重要 71

18 惊艳的企业内部培训 75

19 少讲一些，效果会更好 79

20 别让工具变成绊脚石 84

21 演讲者的态度影响全场感受 89

22 大型演讲，一切操之在我 93

23 一年两百场演讲，你要如何准备 99

第三章　指导你高超技巧

24　分秒必争的电梯简报　106
25　越难，越要让人听得懂　110
26　善用好图，达到最佳说服效果　116
27　产品介绍让原厂说“赞”　120
28　让听众“看见”古典音乐　124
29　把“他们”变成“我们的客户”　128
30　简报的人生逆转　132
31　麦克风在颤抖，依然赢得满堂喝彩　137
32　说自己走过的路　141
33　语文教师站上TED大舞台　145
34　创造深刻的记忆点　149
35　如何在选拔比赛中脱颖而出　153
36　拯救无趣的演讲、简报与授课　157
37　真实的课后意见反馈表　162

第四章　激发你的无穷潜力

38　精益求精，提升演讲的技术　168

39　打开新视界，看到新世界　173

40　双脚跑出世界，开口赢得世界　177

41　从“素人”到台上的一颗星　182

42　面对千人演讲，掌握幸运人生　186

43　通过麦克风，让社会更美好　190

44　“大咖”变身术　193

45　什么是说出影响力　197

46　练习改变，练习说出影响力　201

第一章

必须提醒的重要观念

1 简报表现好，职场进阶三级跳

——在对的时间，讲对的事给对的人听

董事长亲临的商务场合

以往遇到重要客户，T公司的业务经理都会请董事长一起面见客户，而公司的业务简报也由董事长亲自出马。无论董事长讲得好不好，客户常会因为公司的诚意而下单，就这样，T公司的董事长洪总担任了许多年业务简报的主讲人。

洪总心想，这样下去不是办法，自己也已经60多岁了，总不能每回业务简报都亲自上阵，于是他开始计划移交这项工作。

洪总对郑经理说："郑经理，下次这种场合你找人上阵，我在旁边看就好。"

"好的，谢谢董事长。"郑经理准备自己上场。

一次PCB（印刷电路板）的大客户来厂访问，对方的采购高管都到了，再加上研发、生产主管，阵仗不小。

郑经理上台做业务简报，开场还可以，感觉游刃有余，但讲到公司沿革时，竟然连产品的研发时期、公司营业额破纪录的年份、产品特色等都发生张冠李戴的情况。最令洪总不能接受的是，郑经理将所有文字都放在PPT演示文稿上照念，眼睛完全没有看着客户。

洪总十分火大，忍住情绪不发作，他绝对不会在客户面前批评自己的员工。终于，20分钟无聊的演示过去了，客户哈欠连连，老板脸色铁青。

洪总："郑经理，你听我做业务简报应该不止15次了吧？怎么还学不会，你到底有没有准备啊？"

郑经理沉默不语……

开一堂业务简报课

T公司为提升员工做业务简报的能力，联络上我，告诉我上述故事。我坦诚回答："简报课程不是解药，但我会全力以赴。"

随后一星期，T公司提供详细资料，让我了解业务部门员工的情况，以及他们的简报实力。

课程第一天，我认为情况并不理想。场地就在T公司的会议室，空间小，不容易进行小组讨论。而且学员都十分忙碌，难以静下心来上课。教室里的投影仪也是临时架上的，投影与银幕距离短，讲师走动时势必会影响投影。整体而言，学员的程度普通，但是学习意愿还算高。

讲师的工作就是如此，不管现场情况如何，都要努力完成任务。就在第一天课程结束前，我发现了Christine。

Christine是业务部的资深员工，负责业务部所有对外的联系工作，大学毕业后在T公司服务了7年，但由于没有承担业绩任务，很难晋升。她各方面条件都不错，尤其是口才，但从来没在正式场合做过简报，领导不知道她的实力。

也是因缘巧合，由于当天某位业务员不能来上课，她临时候补进来，是最认真上课的学员。

第一天下课前我通知："明天的演示课，业务部主管会全程参加，大家好好加油，千万不要掉链子。"上次掉链子的郑经理，刚好离职半个月了。

第二天，不仅业务主管在场，连董事长洪总也现身教室，山雨欲来，学员们都很紧张。

学员逐一上台演示，洪总并未露出笑容。虽然业务主管表示大家进步许多，但这句话没从洪总口中说出，我也有些心神不宁。

小职员的大演示

轮到Christine上场，她的PPT普通，但其他强项全都显露无遗，尤其是对数字的精准掌握。

她用客户听得懂的语言侃侃而谈，轻松说出公司近十年的发展进程、产品特色，包括哪一年有什么重大突破、哪一年有什么创新产品，全部如数家珍。

最令人欣赏的是，公司2008-2009年的业绩增长率38%，在这个数字的诠释上，她花了许多工夫研究，并尝试在演示中说明。

她说："请大家看一下公司的业绩增长图，或许会感到很意外，为何2008-2009年的增长率仅有38%，而其他年份都有50%？"此时，PPT中这个部分放大，随后她接着说。

"那一年我们的竞争者纷纷衰退，A公司衰退××%，B公司衰退××%，全球PCB产业大厂，只有我们逆势增长，而那一年发生了全球金融风暴。"我瞄了一下洪总，他终于笑了。

Christine的简报有几个特色。

1. 诚恳自然的表达，看不出背稿的痕迹，虽然她的确准备了很久。

2. 对数据的呈现，不是花时间制作精美的PPT文稿，而是强化论述。

3. 对于董事长想要听什么，她了如指掌。

4. 课程结束后，她分享了自己的手写笔记本，里面满满都是公司简介的重点，她也把以前业务部同事简报的优缺点全部记录下来。

老实说，她应该准备很久了。

这次演示，Christine实至名归荣获冠军，洪总赞扬了Christine的简报，并认为这是该公司近十年来最佳。

一个月之后，Christine调任业务部经管组副理；来年集团年度大会，她用PPT在全公司与总裁面前，演示公司年度运营情况，获得超级好评。半年后，她接下当初郑经理留下的空缺。

我一直觉得Christine的故事，未必是“丑小鸭变天鹅”，我得到两个启发：

1. 做简报，是职场最不公平的竞赛，在对的时间、讲对的事给对的人听，你随时有机会脱颖而出，反之亦然。

2. 做好准备，永远不要说自己别无选择，只要你是千里马，就有可能遇到伯乐，除非你不是。

【王永福老师讲评】

我在其他企业讲授简报的课程时，也曾遇到董事长临时加入“旁听”的情况，当天演示表现极优异的那位学员，众望所归获得比赛冠军。他是一位在公司服务超过15年的经理，一直没有再升职，而这场课程结束后，他就高升了！

你从来不会知道，当你做简报时谁会坐在下面。只有每一次都做好准备，才能掌握住稍纵即逝的机会！

2　实现“千万”价值的业务演示

——解决对方心中的问题，对方才会帮你解决问题

身为非营利组织的秘书长，Amy除了繁重的会务工作，以及照顾身心障碍的朋友之外，最重要的任务之一，就是募款。在基金会知名度不算高的情况下，主动而来的善款并不如知名的公益团体，因此有很多时间，Amy必须亲自拜访企业家，争取企业公益预算的赞助。

特别是这几年基金会有一个大型项目，打算规划建造一个教育中心，帮助残障人士学习重返社会的技能，这需要更大笔支出。Amy 也总是马不停蹄地寻找机会，争取更多的企业赞助。在这个情况下，她觉得有必要进一步磨炼自己的提案及简报技巧。

没什么问题就是最大问题

在提案演示时，只听到Amy不断陈述基金会成立的宗旨多

么有意义，也一直提到为什么基金会需要更多的资源用以成立残障人士训练中心。虽然她的态度很亲切，也充满热忱，但是在演示结束后，我还是直接对她说："身为公益团体的秘书长，应该把握每一次提案的机会，这样的演示水平，其实是不够的！"

面对这样直接的评论，Amy有点委屈地回应："我觉得我说得不错啊！而且我把基金会的核心都点出来了！"她接着说："之前我都这样做简报的，也没什么问题啊！"

其实"之前我也没什么问题"，就是最大的问题，因为听众很少会给你真实的反馈。大部分提案演示结束后，台下听众可能会礼貌性地说声谢谢，或是回应："这是很好的提案，我们会再考虑"，然后就没有下文了。这种结果，表面上可以说是没有问题，但也可以说是不知道问题出在哪里。除非自己很有自觉，或是有专家在身边指导，否则很少人能真正发现自己的问题。

站在对方的立场，找出关键问题

就以Amy的例子来说，在简报中她花了最多的时间，从自己的角度来说明基金会，却没有站在对方的立场，分析为什么企业需要投入资源赞助这个基金会。在听取提案时，企业可能会想：

1. 为什么要支持这个基金会？

2. 这个基金会与其他的机构有什么差别？

3. 投入资源会产生什么效益？对基金会？对企业？

4. 这个大型项目的进度如何？现况？长期规划？

5. 需要我们投入什么资源？会看到什么效果？

6. 基金会过去的表现如何？有哪些具体成绩？

如果站在对方，也就是企业及其主管的立场，试着想一想，很容易就能整理出许多类似的问题。不论是演示或提案，重要的是在有限的时间内，针对这些关键想法及问题，提供足以让对方信任及信服的解答。

当然，口才好，或是态度亲切，对整体的说明都是加分，但千万要记住：请试着站在对方的立场，解答他们心中的各种问题。因为只有当你解决他们心中的问题，他们才会帮助你解决你的问题。

带着这样的观念和态度，Amy很快重新构思了她的提案演示，不再着眼于细述基金会的工作与宗旨，而是快速切入核心，说明基金会做过哪些事情？对社会有何具体贡献？为什么需要企业支持这个大型计划？这个计划对企业、基金会、残障人士及社会，又能创造什么价值？

当Amy很快转化自己原本就极佳的同理心，以及善于关怀别人的长处，将简报的重点从基金会及受照顾的残障人士，转变成企业以及听取提案的企业董事长，再配合她所具备的口才及热情，她提案的结果，开始产生极大的变化。

下一次见面时，Amy给了我一个大大的拥抱，满脸绽放着笑容告诉我："你叫我千万要记住的事，真是有'千万'的价值啊！"我们相视一笑，不管百万千万，能够通过说话、演示或提案，完成预定目标，帮助更多需要帮助的人，影响力又何止千万呢？

【谢文宪老师讲评】

Amy提案演示当天，受到直言不讳的讲评，她有些难过伤心。几星期过后，消化了意见，Amy渐渐想通，表现越来越好。

做简报，如果奢望只靠口才就完成一切，最终无法进步。设定目标，认真构思，用心准备，拿出自信，站在听众的角度出发，才是上策。

3 在乎对方想听的，拯救宝贵生命

——医学专业如何解答困惑

加护病房外，陈爸爸和陈妈妈不停地摇着头，激动地对谢医生说："您不用再说了，我绝对不让我女儿接受气切手术治疗。"话一说完，他们转头望向病床，自己的女儿小梅正无助地躺在床上，接下来是非常关键的一周，能否脱离危险，就要看治疗的结果与运气了。

外科医生不明白的事

走在医院的走廊上，谢医生还是想不通，明明自己提出来的建议在医学处置上是正确的，为什么病人家属会那么抗拒。躺在病床上的小梅，几天前车祸重伤被送到医院，因为脑出血无法自主呼吸，必须依赖呼吸器才能维持生命。身为胸外科医生，经过专业的评估，谢医生建议让小梅接受气切手术，这对呼吸维持以及后续治疗，都有帮助。没想到谢医生的专业意见却引发病人家属——陈爸爸及陈妈妈极大的反对，不管谢医生怎么说明，他们都不接受。到了最后，陈爸爸甚至动了怒，请医生离开，不用再给他们任何建议。“明明是对的事，为什么家属却无法接受呢？”谢医生真的不懂！

带着这样的疑问，谢医生想到接受专业简报训练。第一天的课后作业，我们要求大家用自己的真实案例作为简报的主题，并以便利贴发想的方式思考内容架构。谢医生想也不想，就用气切手术的案例当成练习的主题。

面对一面空白的墙壁，谢医生飞快地把自己的想法与认知，一个个写在便利贴上，接着一张张贴上墙壁。她太熟悉这个主题，从当医生开始，每天都在这个领域钻研。她研读过大量专业书籍，阅览了许多研究论文，也有丰富的临床经验。气切手术的相关信息，包括优缺点分析、治疗的效果、并发症与控制……，她都了如指掌。很快，谢医生就把这些专业想法，贴满了一整面墙。

在乎听众的心声

看着贴满构思的便利贴之墙，谢医生突然想起我们在课堂上的提醒：“不要只是想到你想讲的，也要在乎听众想听的……”

仔细一看，谢医生才惊觉到一件事，所有她想讲的内容，都是从自己的医学专业出发的，都是她想要讲的东西。她从来没有换个角度思考一下，对患者或是家属，气切手术到底是什么？抛开医生的立场，一般人怎么看待这件事？这时他们想要听到什么？

她问了几个没有医学知识背景的朋友，大家的回答完全出乎她的意料。“气切的都是植物人！”“脖子上划一刀，应该就活不成了吧？”“手术之后，恐怕完全无法行动，也不能吃东西了吧？”……

这些想法都与她的医学专业知识背道而驰。如果一般人想到的是这些，当然会非常排斥气切手术。然而这些问题，病人与家属从来不会主动说出口，谢医生自然无从得知，“原来病人与家属真正想知道的与专业医疗人员想要说明的，有这么大的差距！”

谢医生想起曾经饰演超人的知名演员克里斯托夫·里弗，因为从马上摔下的意外，造成脊椎损伤终身瘫痪。虽然必须依赖气切管维持呼吸，但他还是可以吃饭、说话，甚至四处巡回演讲，展现他的生命力与影响力。如果站在病人及家属的立场，换个角度来看这个问题，“或许可以有效地传递正确信息，并给予他们更多的信心！”

这时，谢医生心里想的是病房中的小梅，以及焦急不已的陈爸爸和陈妈妈！

正面回应家属最在意的问题

再一次鼓起勇气，谢医生来到小梅的加护病房外对陈爸爸说明，“气切手术的伤口不会很大，只要衬衫扣上扣子或者系上围巾，很容易就遮住了”“如果持续康复，气切只是暂时的”“以后复健的时候可以更安心加快训练的脚步”“小梅还可以说话，也可以从嘴巴吃东西”。

谢医生站在家属的立场，回应了几个他们最在意的问题，陈爸爸虽然还是有点疑虑，但最后同意了谢医生的提议，让小梅接受这项手术。

很幸运，手术后小梅整体恢复得很快。在19岁生日那一天，还可以亲口吃下爸爸为她准备的生日蛋糕。切蛋糕的时候，谢医生也觉得很感动，偷偷躲在病房外默默拭泪。没多久，小梅真的脱离了呼吸器，转往复健医院进行治疗。休学一年之后，小梅重返校园，继续她美好的大学生活！

出院前，陈爸爸特别握着谢医生的手不断地鞠躬，并对她说："很对不起，之前听不进您的建议，真的真的很对不起！"陈爸爸流着泪说道："谢谢您愿意再跟我们解释一次气切手术，而且说明得非常清楚。"

【谢文宪老师讲评】

专业建立在"通俗的沟通"上，谢医生做了最佳示范！

4 台上的成败由谁负责

——不是谁的错，而是如何改善

从各种角度看，这场产品说明会都不算成功，冗长的说明，缺乏结构的内容，讲解中夹杂过多的信息，加上不算精美的PPT……虽然演示者语调高亢，讲得非常卖力，但是从听众的反应看，似乎没能引起听众任何兴趣。只偶尔有几位听众，针对产品的某些问题发问。产品说明一结束，听众大都马上起身离开，没有人提问或留下来进一步讨论。

我坐在台下，看着整场说明会的过程，身为简报专业讲师，我想我必须跟演示者——Rex好好谈一谈。

我问Rex："你觉得今天表现如何？"Rex摇摇头说："不好，气氛有点闷，虽然我尽力带动，还是效果不佳。"至少对结果的评估，他的看法与我的接近。

我接着问："你觉得问题出现在哪里？"接下来得到的答案，让我非常讶异。

对象、主题、演讲者，哪里错了

“对象邀请错了！”Rex说。他觉得公司活动部门邀请来的听众都是采购与业务人员，采购人员太死板，而业务人员又太精明，都不是做产品说明的好对象。应该要邀请合作企业的中高管，才能够了解他谈的产业发展，以及他所提出的产品策略与优势。

我听了觉得有些不敢置信，接着问：“可是一开始，你就知道哪些人会来参加了，不是应该针对听众的差异做出调整吗？”听我这么问，Rex带着防卫的态度回应：“我知道，可是我说的这些内容，真的很重要啊！”

“重要的内容？是对演讲者还是对听众重要？”禁不住我连番发问，Rex开始转换态度回应说：“其实我觉得，我不大适合讲这个产品，另外一个产品我讲得更好。”我听了更是讶异！这场讲座，Rex特别邀我前来旁听，等到结束后才说演示主题不适合，会不会太迟了？

然而我从听众席的角度观察，看到的情况似乎不是这么一回事。

今天现场的听众是很优质的，他们在说明会开始之前的交谈，显示了对这个产品的高度兴趣。在演讲开始后，过于复杂的内容让听众参与的程度降低了一些，但是大家仍旧试着理出头绪，还有人针对产品说明的细节提出一些问题。但随着时间的过去，我观察到听众逐渐完全失去兴趣，就只等着结束，毕竟听众已明显察觉到，这次产品说明的内容及安排与期待的落差太大。

“问题不在听众，也不在主题，而在你！”我知道这么说，Rex一定不服气，因此我整理了刚才听到的内容，改变结构与讲述的先后顺序，从客户现有的问题切入，接着带入产品特色，最后再谈企业及理念。这样把原本散乱的内容，有系统地加以组织，并且根据听众最关心的重点依序讲解。

我问Rex这样是不是清楚多了，“真的?！一样的内容，只是调整结构以及先后顺序，就变得清楚流畅。”Rex很惊讶我怎么能在这么短的时间，马上消化他刚刚讲的内容，并调整出一份新的讲稿。

态度不同，结果不同

“失败可能有一百种理由。”我告诉他，要找理由其实很简单，主题不对、场地不好、听众不适合、时间不恰当……，太多理由可以为一场失败的简报开脱，“但是你——也就是演讲者，才是真正主导结果的人！”不同的演讲者，面对同样的主题、同样的现场，可能会有完全不同的处理方式。用心的演讲者，总是会以最万全的准备、最贴近听众需求的内容、最合适的呈现形式来面对每一场挑战。因为他们知道，自己必须对结果负起全责！如果只想找理由，解释为什么效果不如预期，也许每次失败都能找到某些理由，却不会有任何改变。

态度不同，结果不同。重点从来不是找出是谁的错，而是要知道怎么做才能改善，才能得到更好的结果。我苦口婆心向Rex提出许多建议，只为了一件事——“因为无论是好是坏，最后承受成果的，是你的企业以及你自己啊！”

【谢文宪老师讲评】

虽然我不敢说演讲者一定占有100%决定成败的比重，但一定是最高的比重。

“选择战场，就是选择一种讨生活的方式。”无所谓好坏，市场决定一切。

5　热情让听众“买单”

——先爱上你的主题

在一次跨国企业的简报演练中，主题是极为专业的信息安全防护，报告者带着各自的简报轮流上台，试着在短短7分钟的时间内，阐述想要分享给听众的内容，例如行为分析技术、勒索软件防护，或是黑客入侵侦测等等。在经过一番训练与调整之后，报告者都能用易懂简洁的讲述，让台下听众快速理解专业内容。虽然每个人都表现得很好，但是听完前几位的报告后，我觉得似乎还缺少了什么？

或者说，就是“专业有余，热情不足”！

报告者都有技术背景，对报告主题的掌握度高，但讲述方式比较平铺直叙，虽然能让听众听得懂、听得清楚，但是明显缺少了“温度”。“这个主题本来就比较生硬，这也是没办法的事吧！”我这么告诉自己。

用兴趣点燃热情

直到第七位报告者Ray上台，他要谈的主题是“直升机”。我先喊了暂停，问他：“这跟你的工作有关吗？”因为之前有规定，报告主题必须与报告者工作相关。这时Ray有点腼腆地回答：“没有！但是我真的很喜欢直升机这个主题，也非常想跟大家分享！”看着他坚定的眼神，我点点头，请他开始。

“我从小就喜欢直升机，觉得它可以垂直升降、定点停留、自由地在空中移动，真是太酷了！”接着，Ray描述了他如何因为这个兴趣，开始研究直升机的构造，并且陆续购买模型直升机把玩操作。他还搜集了各种不同类型直升机的照片，最后他分享了自己搭乘直升机的经验。我不曾搭乘过直升机，在听了他万分投入且热情的报告后，不由得也升起体验直升机之旅的念头！

用热情引爆听众兴趣

Ray报告结束后，我请其他学员对他的报告做反馈。除了内容精彩、PPT生动外，大家一致认为：他对这个主题充满热情！他的眼神、音调、肢体语言，以及在台上的投入程度，都能证明这一点。大家也许对这个主题不是很熟悉，却都能被他讲述时的热情所感动。

趁着这个机会，我问大家："有没有想过如何把生僻专业的主题，讲得就像你热爱的兴趣一样呢？"事实上，直升机也是一个小众的主题，但是Ray用他最大的热情，激发出了台下听众的兴趣。如果在讨论专业主题时，也能用分享兴趣或嗜好的态度来进行，那么在台上做简报时，不仅能保持专业，也能赋予冰冷的主题多一些"温度"，让台下听众乐于参与、投入并且能真正了解这个主题。

经过一番讨论与说明后，下一个上台的学员似乎得到了一些启发。虽然谈的主题仍然是冷硬专业，但是比起之前的几位，他明显表现得更投入，也更乐在其中。毕竟这个找到黑客入侵的方式与模式，并早一步把他们挡住的日常工作确实充满挑战。他用热情的声音讲述原本枯燥的内容，让听众也能听得津津有味，仿佛随着他描述的情节，参与了与黑客的攻防战。报告者的热情融化了冰冷的主题，将它转变成扣人心弦的侦探小说了！

【谢文宪老师讲评】

相信我，听众是冰雪聪明的，他们轻易就能分辨演讲者对这次演讲是充满热情，还是为了交差了事，是带点疯狂，还是虚应故事。从演讲者的举手投足之间就能印证“专业让简报过关，热情让听众买单”。

6 不是母语也能夺冠

——风格，比语言更重要

来自马来西亚的阿诚要到北京参加两岸创业简报大赛，他主要担心4个问题。

1. 他是马来西亚人，普通话不标准，在北京该怎么办？
2. 开场白要怎么说才能达到最佳效果？
3. 如何架构十分钟的说服型简报会更好？
4. 他不担心内容，问题是要如何“吸睛”？

事隔五年，我仍清楚记得他提出的这些问题。

“阿诚，4天后比赛就要在北京举行了，你觉得你的普通话，有可能在4天之内突飞猛进吗？借力使力吧，让你的马来西亚口音成为你的特色！我相信没有人讲话跟你一样。”

三句开场白范例

1. 金句法

“改变世界的方法有两种，第一种是参加简报大赛，其他的方法都是第二种。”

2. 问答法

“请问台下同学最远的来自哪里？来自哈尔滨的请举手！来自海南岛的请举手！来自乌鲁木齐的请举手！……我来自马来西亚吉隆坡，林学诚。”

3. 定场法

主持人：“我们以热烈的掌声欢迎林学诚！”

（3~5秒的鼓掌）

“（停顿3~5秒，环视台下，深呼吸）我担心一位来自马来西亚参赛者的普通话速度跟语调，会让大家吓一跳，请大家先适应一下我的快节奏。（笑声！）”

关于“说服型简报”的架构

强力开场

事实

↓

事实所引发的问题

↓

正反立场

↓

行动

至于如何“吸睛”

我告诉阿诚：“你说话速度很快，只要在关键段落或画面，适度暂停两三秒，让此段落成为突出点，就会让观众在快节奏的语速中体会到这一段落的不同，创造吸睛的效果。”

我完全没有改他的PPT，PPT已经很不错了，我不建议他在大赛前还在改这些，他应该花时间在议题的论述上，并想办法强化与听众的互动。

结果如何呢?

阿诚夺得了当年两岸创业简报大赛的冠军，我第一时间收到他来自北京的短信。

后来我问他，我给他的建议是否有用。

“认清自己是谁，借力使力，非常受用”“开场白我用到了”“停顿我也用到了”“大家听到我来自马来西亚，还来参加比赛，纷纷跟我拍照合影。”

恭喜阿诚，好学的年轻人。

不是母语也能通

另外一个例子。

有次我邀请知名艺人吴凤到我的“梦想实宪家”平台演讲，他是土耳其人，会四五种语言且正在苦学中文，据他表示：“我的中文，一辈子也不可能像老师一样流利。”话虽如此，他的魅力与幽默感实在无法挡。

他用学语言的经验，诠释从只会土耳其文，到学会英文的好处，进而学会德语的好处，最后说到学中文的好处，用浅显易懂的语言，搭配案例与冷不防的中文方言、俗语，成功掳获观众的心。

没有拗口难懂的辞藻，都是日常用语，清楚明白。

一个小时演讲过后，我为这场演讲收尾，我问了现场近百位观众：“听得懂一半的请举手？七成的请举手？九成的请举手？完全听懂的请举手？”询问过程中，没有一个人将手放下。

我始终相信：“语言只是沟通工具，保有特色与幽默感，才能展现个人风格。”

我听吴凤演讲一小时，全程哈哈大笑，对一位土耳其人来说，他付出了多少努力？阿诚何尝不是呢？

“保有自我风格，让它发光发热！”是我送给读者的诚恳建议。

【王永福老师讲评】

“语言只是工具，技巧让你发亮”，每当有人问到“英语简报技巧”跟“简报技巧”有什么不同时，我经常这么回应。毕竟你不会因为看到乔布斯的简报，而说他擅长“英语简报技巧”吧？

我在本书另一篇文章中，也提到一个跨语言的案例，虽然语言不同，还是能让听众完全听得懂专业简报的内容。语言无法速成，但技巧本身是跨语言、跨国界的。只要掌握关键技巧，一定能让你在台上表现优秀！

7 企业优势与PPT都只是参考资料

——如何让对方明白不能没有你?

这是为一间知名的国际会计师事务所在五星级饭店举办的两小时的讲座。到了接近尾声的Q&A时间，台下的会计师们纷纷举手发言，提出各种关于上台演讲的问题。我看到左后方有位年轻的主管手举得很高，于是请她提问。她拿起麦克风，说出问题：“如何在简报中让客户明了我们专业服务的价值，而选择我们的服务呢？”

在聆听问题时，我几乎可以想象她身为一位专业人士，面对市场激烈的竞争，站在客户办公室中提案的样子。在这样的过程中，她必须努力凸显企业的优势，让客户做出成为企业长期合作伙伴的选择。“您平常的简报，都是这么做的吗？”在回复问题之前，我想先确认一下。

她回答：“是这样没错，因为我们的服务涉及很多专业，有的时候不容易在一开始就说得很清楚……”我知道她心里想问的是，有什么更好的方法，或更好的PPT制作法，能完美呈现企业的优势，高效率地说明问题，以便顺利拿下客户。曾经从事业务工作许多年，我完全能理解在提案时，提案者的心情。

为生命安全换轮胎

听完她的说明，我想若是直接回答，也许大家不一定能了解我的想法。“在回答问题前，我想先分享一个故事。”我提到自己曾经遇到的一个情况。有一次我开车回维修厂保养，维修师跟我说：“车胎排水痕磨得太浅，需要换胎了！现在有一款很棒的新轮胎，质量又好，价格又实在。”我问大家：“如果是您，会不会因此换轮胎？”大家都摇摇头说：“应该不会吧。”“没错！我也没换。”因为每个维修人员都会这么说，我当然只是当作参考，不会马上行动。这应该是很常见的顾客反应。

离开维修厂没多久，突然下起大雨，道路上有些地方排水不好，开始积水，车子也是停停走走。才刚通过一个红绿灯，前面的车子突然紧急刹车，我也马上跟着急踩刹车。这时我感觉车身忽然滑了一下，似乎有一点打滑，还好车速不快，总算及时刹住。故事讲完后我问听众："您猜我下一件事要做什么？"有人开玩笑地回答："打电话给警察？"我也笑着回说："及时刹住，还不用打给警察！"刚刚发问的主管马上回应："应该是回维修厂换轮胎吧？"我看着她，微笑地点点头，肯定了她的答案。

让客户知道，少了你，问题多多

没错！大部分的销售或提案简报，只会不断强调好处、特点、效益，但是客户并不会因为这样而做出决定。唯有让客户体会到其问题所在，他才会有解决问题的需求与急迫性。问题越大，解决方案越有价值！"所以，您有没有想过，如果客户没有跟你们合作，可能会遇到什么问题呢？"我反问听众。

身为国际会计师事务所的专业人员，台下会计师的专业能力当然毋庸置疑，很快就整理出许多如果没有找该事务所合作可能会遇到的困扰，例如：不同国家分公司的会计准则可能不一致、跨国资源无法整合、服务的深度及广度不足……我接着问："如果您的客户遇到这些问题，会付出什么代价呢？"大家都理所当然地回应我："轻则罚款，重则影响企业商誉，甚至影响其在股票市场的评价。"

“那么您是否让客户认知到这些问题，以及要付出的代价吗？”我看着大家，慢慢地说出口。

台下听众露出一副受到冲击的表情，我继续说：“客户不会因为你卖的轮胎有多好而决定换轮胎，但是客户会因为新轮胎能解决他的问题而做出购买的决定！”在客户没有认知到问题时，再多的优点、再精美的PPT，最终也只是被当作参考资料而已。唯有当你能让客户认识到没有你，会遇到什么问题；有你之后，将省去付出什么代价、又能得到什么好处，那么你接下来的提案，才会变得有意义。

专业只是一项必要条件，能帮助客户预知问题、解决问题，才是真正的价值所在。

【谢文宪老师讲评】

我也做过业务，而且是受过真枪实弹考验的第一线业务。这个磨炼不仅让我们攻城略地，也让我们受尽风霜，但最终都能助我们一臂之力，登上更大的舞台，并让我们更善于举例、说故事、引用亲身经验，而这些都是简报的独门心法。

8 散播光明与力量到每个角落

——说故事的英雄们

我们中间，有一群人长期默默地投入家庭暴力防治、儿童保护的工作。他们之中有的是医生，有的是检察官、警察，也有很多充满爱心的非营利组织成员以及社会善心人士。这些人帮助家暴受害者找到庇护，为他们伸张正义；帮助受虐儿童围起防护，让他们脱离恐惧；也帮助所有性别暴力的受害者重新找回生命的光亮。这样的工作，经常需要带着很大的勇气去参与，因为面对的可能是家暴的恶人、丧心病狂的虐童者或者性侵嫌犯。

因为他们的工作对社会健康发展的帮助，有关部门对他们中的突出者予以嘉奖。但是这些风里来火里去的获奖者，却往往对一场10分钟的获奖演讲有点胆怯！“上台比抓坏人更可怕！”这是某位获奖者告诉我的话。

拟出10分钟的简报架构

相关单位为了让获奖者有机会向更多人叙述他们的经验，特别安排了一场活动，请所有的获奖者上台演讲，并全程录像，之后将发布在网络上。因此在演讲前几周，安排了相关的训练课程，帮助获奖者能有更好的表现。我看到这些平日保护别人的英雄，似乎不是很习惯跟大家诉说自己的故事。他们中有的人很严肃地谈保护工作的重要性与使命，内容虽然很好，但无法吸引人仔细聆听。另外也有获奖者谈起亲身经历与想法，想到什么就说什么，虽然有故事性，但是有点杂乱，让人抓不着头绪。“讲道理太生硬，讲故事太发散”，这是我在台下观察得出的结论。

训练时，我请大家先做一个简报构思的练习。以大家比较熟悉的“性别暴力防护”为主题，做10分钟简报构思。获奖者们很快就归纳出“何谓性别暴力”“现有问题”“如何防护”“求助资源”等四大重点。每个重点也都能再整理出一些小项。

先说故事，再讲道理

我看着大家问：“如果上台的10分钟讲这些，大家觉得如何？”一位专门负责少儿防护的医生回答：“这样虽然架构完整，但是很生硬！”我点点头再问：“如果我们先不讲道理，有没有什么案例或真实事件与上面这些重点有关呢？”马上有一位女警回应：“我最近才介入一个家暴案件，帮助一位妇女脱离家暴，并让她跟小孩得到安置。”接下来，随着警官的描述，我们听到一个真实的案例，也更清楚许多在防护上应该注意的事项。

“很少人喜欢听道理，但是每个人都喜欢听故事。”我看着大家说：“如果用故事来辅助我们说道理，这样是不是能两者兼具呢？”就像练习时所做的，先把要传达的重点整理出架构来，然后再依照这些重点，找出相对应的故事或案例，通过对人事物的描述，吸引人聆听，给人留下深刻印象，从而将重点有效传达出去。如果想要强调某些概念或道理，也可以在故事说完后，做一些重点摘要，这样不仅能好好铺陈，也不会打乱架构。

看着每一位保护妇女儿童的英雄们，我相信他们每天助人的工作，都是一段又一段感人的故事。很多故事让人心疼，获奖者的付也出令人由衷敬佩。“因为真的做了很多事，才能如此感动人心。”

【谢文宪老师讲评】

故事为王，开头不说道理，用故事引出道理，毫无疑问，故事是破题的最佳方案。

9 想、说、动，call to action

——感动现场，发出行动指示

你听了一场成功的演讲或简报，被讲授者的故事深深打动，甚至流下感动的泪水，在结束的那一刻，你拍红了双手叫好，心想：“这真是一场精彩的演讲啊！”但是曲终人散后，除了感动之外，具体留下了什么？

精彩和感动之后是什么

“精彩之外，你希望台下听众做什么？”这是朱为民医生登上TED × Taipei讲台之前，我们讨论过的问题。每一次TED × Taipei年会，都会从数百位主动报名的“素人”讲授者之中挑选四五位正式登台演讲。他们能像林怀民一样登上TED × Taipei的大讲台，他们所传达的想法或理念，将在短时间内被数十万，甚至百万以上的朋友看见。

除了觉得精彩之外，作为演讲者你还希望听众在听讲之后能做些什么，或是有一些改变，这件事情就称为“call to action”，是演讲的关键！

开始时，朱医生只有一个简单的想法，身为“安宁病房”的医生，他陪伴超过500位病人平静地走完生命最后一程，但是当自己的家人也遇到类似的医疗决策时，例如，是不是要插管？要不要积极抢救？他也像一般家属一样面临痛苦，不知如何是好。因为曾与家人走过这一遭，他深刻认识到“预立医疗决定”的意义，即在我们健康的时候，决定自己在特定的病况下，将接受医疗措施到什么程度，是由医生积极抢救，还是授权医生让自己平和善终。台湾地区已经在2015年通过“病人自主权利法”，但真正知道并理解的民众仍属少数，因此朱医生希望有机会登上更大的讲台，让更多人认识“预立医疗决定”这个观念。

如何唤起行动

我第一次听到朱医生的故事就感动不已，朱医生的PPT真实呈现了急诊室的画面与声音，台下听众仿佛亲临现场，十分震撼。经过多次的练习，朱医生已掌握表达的关键，而且台风稳健，总能在演讲后让大家哭红了双眼，也拍红了双掌。然而，精彩之外，似乎还少了些什么？

“故事很感人，观念的传达也很到位，然后呢？”我问朱医生。他看着我说：“希望大家听完演讲，知道如何预立医疗决定。”我接着问：“然后呢？您希望听众在演讲结束后，能改变什么、做些什么呢？”他回答说：“希望每一个听过演讲的人，都能去医院找医生进一步评估，与家人或为自己填写相关文件。”我点了点头，这不仅仅是观念，还必须采取行动，因此接下来的重点就在于：“有没有教大家怎么做？”

指示具体的行动

当听众被感动、说服之后，演讲者应该明确告诉大家接下来该怎么做，要完成什么改变。唯有具体提出下一步的行动指示，才能强化演讲的效果，而不只是让观众内心充满感动，却没有任何行动。对于一场精彩的演讲来说，那样实在太可惜了！

后来的发展是，经过几位“素人”演讲者的竞争，朱医生成为少数获邀请站上TED × Taipei讲台的演讲者之一。演讲当然如预期的精彩，在演讲的最后，朱医生提出“想、说、动”三阶段的建议，希望听众先想一想医疗自主这件事，然后跟家人说明讨论，接着采取行动——不管是自行下载并签署意愿书，或是向医生进一步咨询。

看着身材高大的朱医生笔直地站在讲台上，听着他用磁性的声音温和地诉说一段“生命、爱、家人”的故事。“请帮我拔管，因为，我爱你”，不忍心家人为自己受苦，也为自己争取生命尊严，这是多么深刻的爱的牵系。身为安宁照护专科医生，朱医生分享他的专业与感悟，再借由“想、说、动”三项行动指示，帮助更多人做出更有爱的决定！

【谢文宪老师讲评】

“破题如剪刀，结尾如棒槌”，破题精准精彩，结尾紧扣行动，朱医生完成最佳诠释。

第二章

学会演讲的巧妙心法

10 丢开草稿，拿回说话主导权

——忘掉文字，记住画面

在企业训练课程现场，一整天的简报演练，每个人要轮流上台演讲7分钟。这对于不习惯上台的学员，一定倍感压力！我注意到小恬——公司里优秀的超级业务员，手里拿着演讲要用的PPT纸稿，嘴巴念念有词，似乎在背诵什么。从其他同事的口中，我了解到她非常重视今天的演讲练习。小恬工作非常认真，什么事情都做好万全准备，所以大家看好她这次也会有杰出的表现。

等到她上台，一开口就说："今天我要向各位汇报客户关系管理CRM，其精髓即是针对客户消费行为进行记录，以作为差别化对待之根据……"。虽然她每一句话都讲得很精准，但听起来就是觉得不顺畅，感觉像在念稿子。她有时还会停下来，眼睛望着天花板，似乎在回想些什么，然后再继续往下讲。

不必记得每一句话，但要记得每一个画面！

两分钟之后，我喊了一个暂停。这样的表现真的不行，我想她一定是在背稿子，只是不知道她的稿子在哪里。于是我请她把座位上的PPT纸稿拿给我看，果不其然，在PPT画面下面，有密密麻麻的文字，我看到了完全相同的字句“……其精髓即是针对客户消费行为……”

我问她为何这样做，她回答：“我花了很多时间准备，甚至把每一句话都精准地写下来。”确实，从她刚才的表现就可以看出，她真的忠实呈现了纸稿上的每一句话。她接着说：“可是一上台，可能是压力上来了，原本背好的稿子就记不住了！”她越讲越沮丧，眼中似乎有泪水在打转。

我请她先回座位休息，缓和一下，然后忘记原本背好的稿子。这时，她有点惊讶地看着我，露出不可置信表情。我说：“不要记得每一句话，要记得每一个画面！”画面才是准备简报时真正要记住的东西。因为当你想要强记稿子，就会说出“……其精髓即是差别化对待之根据……”这样的书面语，而非口语的说明。如果你记住的是要说明的每一个画面，或是每一个转折的场景，你自然会用比较口语的方式串起画面与画面。

知“剑意”而非“剑招”

“只要记得画面就行了吗？这样会不会忘词？”小恬还是有点担心地问我。我笑着说：“听众的手上又没有你的文字稿，没有词，怎么会有所谓的忘词呢？”我接着问她：“你看过金庸的《倚天屠龙记》吗？”小恬点点头，说她以前最爱看金庸的武侠小说了。我说：“还记得张三丰教张无忌太极剑的桥段吗？也是要张无忌看完招式后，再把所有招式忘记，才上场比武啊！”只要在脑海中把每个画面串起来，自然能流畅地说出相关内容，上台时就会有好表现。

课间，我看到小恬站在一个同事面前演练，手边已经没有刚才的稿子了，靠的是脑中记忆的画面。等到正式上台，小恬深吸一口气，有种豁出去的感觉，虽然一开始还是有点紧张，但是越来越顺，也越来越放得开，明显看得出来她已经把内容吸收，内化成自己的东西，再用嘴巴说出来了！在演讲结束后，也赢得满堂喝彩！

“真的有效！只要记得每一个画面，自然会说出每个字！”小恬开心地告诉我。

【谢文宪老师讲评】

“没有经验，就要有稿子；没有稿子，就要有经验。”背稿是简报、演讲，甚至教学的最大硬伤。

“台下记稿子，台上记画面”是成为杰出演讲者的第一项修炼。

11 点明重点，保住大客户

——先说重点，再说细节

全球知名的笔记本电脑厂商X公司，在不久前发生一个重大问题，因为关键零件的问题，许多笔记本电脑必须召回维修。身为关键零件供应商的业务经理，Danny最近必须追踪发生问题的核心原因。其他笔记本电脑厂商也经常来电关心，要他前往解释这次的零件问题是否会造成后续影响，或者询问他们已经采用的类似零件的笔记本电脑需不需要也召回等等。类似的问题每天让Danny应接不暇！

Danny仔细分析过原因：这次出现问题的零件是为了X公司特殊机种所订制的零件，因为采用特殊的工艺及生产线，才会出现问题。但唯一值得庆幸的是，就因为这个零件是特殊订制，所以出售给其他公司的类似零件完全不会受到影响。就在这个重要时刻，Danny的公司请我去跟所有业务同事讨论接下来对其他笔记本电脑厂商的解释策略。

危机处理的简报该从何处着手

我们在一面白板上，写下“X笔记本电脑问题说明及召回报告”这个主题，对象是其他的笔记本电脑厂商。我问：“大家觉得一开始应该怎么说呢？”

Mark很快地接话：“这个我们前几天刚报告过，我有经验！”大家转过头看向他，“我们先详述一下这次的召回事件，以及目前最新的处理进度。然后提供专业解说，说明这个关键零件的内部结构以及生产方式，最后再跟客户解释因为这是特别订制，所以与我们先前出售给他们的零件不同，不会对他们有影响……”因为才报告完不久，Mark对报告内容的印象依然十分深刻！

看着大家的表情，似乎所有的业务同事也都接受这样的说法。接着我抛出另一个问题：“请问大家，其他笔记本电脑厂商请我们去说明，是因为他们非常关心这次的召回事件吗？”

“他们才不关心呢！他们反而有点开心。”Danny说，因为各大厂商之间存在着激烈的市场竞争关系。X公司笔记本电脑召回，表示其他厂商的笔记本电脑可望销量上升。“他们最关心的是他们现在用的零件会不会有问题！”其他的，也不过只是了解一下情况而已。

果然是个有经验的业务主管，答案直指问题核心。我又问："既然大家都知道客户最关心的是他们自己，为什么不一开始就点明重点呢？先让客户知道，这次的问题不会影响到他们。"我直白的建议，反而让大家有点吓一跳。

传统的说明方式总是如此，先详细解释一下事情的情况，再做一个专业的技术说明，最后才推导出结论——"因此本次的零部件问题，不会影响到贵客户。"然而这样的说明方式，其实非常考验听众的耐心，因为最后一句"不会有影响"才是整个报告的核心，也是客户最关心的，结果一直要等听完20分钟，才能得到这个结论。最重要的东西，反而放在最后面才说，这不是很奇怪的一件事吗？最后我又问："假设你就是那个听报告的客户，10分钟后还没听到这个重点，你会有什么反应？"

结果大家都笑了。"我会受不了，请他快一点说重点！"Danny笑着说。

先说重点，再说明细节

有了这个认知，我们修正出新版本的简报。在一开始就提道："今天的报告，除了跟大家说明这次X笔记本电脑的召回事件，更大的重点是要让贵客户放心——因为工艺与生产线的不同，所以我们出售给贵公司的零件，不会受到任何影响！请贵公司安心！”在一开始就点明核心，再回到原本设定的内容，说明这次召回事件的始末以及处理的细节。

几天之后，Danny特别传了一则信息给我“我成功了！几个大客户都保住了！”

【谢文宪老师讲评】

适应现代社会快速与追求效率的特征，切中要点，先说重点，掌握开场诀窍，30秒内“吸睛”，破题精彩，都成为商务简报决胜的第一步。记住，先说重点才是最佳方案。

12 五感帮你找到切入点

——切身相关，重点所在

你听说过“缠腰龙”吗？它的医学名称叫“带状疱疹”，由水痘病毒引起。只要曾经长过水痘，就可能患带状疱疹。因为水痘痊愈后，病毒并没有消失，而是潜藏在患者的神经节中，一藏可能就是数十年，直到有一天身体的免疫力降低，也许是过于疲劳，病毒就会伺机活化，造成皮肤急性发炎。除了长出一颗一颗的水泡外，还会伴随明显的神经痛。那种痛很难形容，就像有人用针刺你的皮肤，又热又痛，持续两三周，等到身体免疫机制把病毒控制住后，就会逐渐复原。但是有些人会因此神经受伤，留下长期的神经痛症状，甚至连穿衣服或风吹过也会痛，这是一种让人非常痛苦的疾病。

为什么疫苗乏人问津？

我之所以了解这种疾病，是因为几年前曾经因为工作太劳累，造成此病缠身。那次的病让我痛了好几个星期，甚至因为怕传染给小朋友，离家自住隔离了十天。因此，当我听到黄医生打算向大家介绍“带状疱疹疫苗接种”，让大家未来能远离带状疱疹的威胁，我的眼睛立刻亮了起来！

“一定有很多人会想接种疫苗吧？”我问黄医生。

黄医生摇头说：“其实没有！直到2013年带状疱疹疫苗才在台湾地区核准，知道的人并不多。”

“哦！如果大家知道了有这样的疫苗，一定会主动去接种吧？”我接着问。

黄医生还是摇头：“之前曾经做过倡导，但是主动来接种的人还是不多。”

这实在令我讶异，因为曾经身受带状疱疹之苦，如果早知道有疫苗可以让我免除这种痛苦，我一定第一时间就跑去接种疫苗。

切肤之痛，引发行动力

“会不会是倡导说明的方式有问题？”我继续追问。

黄医生回答：“应该不会，我们说明得很清楚，内容包含带状疱疹的起因、症状、治疗方式，以及最新疫苗接种。”黄医生果然是专业人士，非常系统地描述了相关内容。然而，就在听完黄医生的描述之后，我发现了问题所在。

“你可以考虑一开始先强调问题的严重性。”我告诉黄医生。因为专业医生以及曾经得过带状疱疹的患者，都十分清楚这个疾病带来的痛楚，但是疫苗的目标对象是那些还没得过病的人，他们不见得能够想象什么是“神经痛”的感觉，什么是“连睡觉都会痛”的痛苦。只要感觉不到带状疱疹的严重性，即便疫苗再好、再有效，大部分的人也不会有接种的动机。一定要先让人“感受到问题”，才有可能愿意采取行动去解决问题!

听完我这么说，黄医生马上知道接下来该怎么做了。就在下一次的讲座中，一开始他先发下一颗颗小图钉，然后请大家轻轻用图钉戳一下手，并问大家会不会感觉有点刺痛。接下来，他再请大家想象一下，把图钉的数量乘上一千倍，并且将这种疼痛的感觉延长到一整个月，同时一边戳，一边再用火烧……看着大家有点惊吓的表情，黄医生才缓缓地说：“这种又痛又烧的感觉，就是带状疱疹带来的神经痛……”

讲座才刚到这里，我就听到旁边的朋友已经在问：“这个疫苗要去哪里打啊？”

【谢文宪老师讲评】

简报教学的历程中，我发现“化繁为简”的能力，堪称最困难且关键的一项。

当人人都在琢磨PPT制作与口说能力“化繁为简”技巧的时候，殊不知，若能够利用看、听、闻、尝、碰触五大感官，你的技巧已在不知不觉中更上一层楼了。

13 从基本功练起

——掌控PPT，但别被PPT掌控

PPT到底重不重要？

在一次大学的简报大赛的决赛中，同学们的PPT设计，让我看得目不暇接，惊为天人。在PPT设计的环节，我几乎给了每一位决赛者满分。而参赛者之间真正的实力差距，则要依据他们现场的表现才能判断。

其中有一位大一的李同学，是我相当看好的参赛者。我先在网上浏览参赛者的演讲视频，除了精彩的PPT设计与幽默口才外，李同学独树一格的表达风格最让人印象深刻。

然而，决赛当天李同学的现场表现不能说不好，但除了PPT依然精彩之外，总感觉不如预期。我当下就可以判定，金奖应该不会是他，最后李同学获得了银奖。我上前给他鼓励，晚上就收到他传来的表达感谢的信息。

这位大一同学的PPT制作，会是怎样的水平呢？依据我的判断，应该可以赢过99.5%的职场工作者。但毕竟他是大一的学生，舞台上的掌控与爆发，的确还有进步的空间。

尤其进入主题之前的开场，花了竞赛时间7分钟的两分半钟，最后他果真成为全场唯一时间截止尚未演讲完毕的参赛者。仅是开场时展现各种精心制作PPT而错失的宝贵时间估计至少就有1分钟。

以韩剧来比喻

韩剧的经典场景——树林中男女主角亲吻的戏码，请问第一眼是先看到男女主角？还是美丽的树林风景？

如果将李同学比喻为男主角，PPT是树林风景，那么观众都聚焦在美丽的树林风景上，而忽略了男主角的精彩演技。

李同学就像武艺高超的侠士，但是手持一把超过自己能力范围的巨大名剑，表现武艺时不免施展不开，束手束脚。这从他频频回头等待画面，让PPT掌控他，而非他掌控PPT等表现上看得出来。当然，这都是以职业级的高标准来审视，大一同学能够做到现在的水平已是个中翘楚，难能可贵。

再回到值得反复讨论的老问题：到底PPT重不重要？

以上述李同学的例子，我会提出两点建议：

1. 把自己的口说能力，练到跟制作PPT一样厉害。

2. “自废”PPT功力，从基本功开始做起，包括演讲时的语调、节奏、走位、眼神、情绪、停顿等。

武林高手都是从基本功磨炼起，基本功若不扎实，扛上名剑反而会造成自我伤害。人剑合一的最高境界，是人掌控了剑，不是让剑掌控了人。

【王永福老师讲评】

学习上台说话与习武有异曲同工之妙。没有学过武功的人，总以为拿着武器就会比较厉害，但是练武一定要从基本功（口说能力）开始，等到基本功练扎实了，才能学习使用武器（PPT），最终人剑合一（口说加PPT），威力无穷！

当然，若是武林高手，草木都可以为剑，有没有PPT，也就不重要了。

14 勇敢，就是最好的表情

——胆量由磨炼而来

看着Peggy站在教室外，眼泪止不住地往下掉，身边的同学轻拍肩膀安慰她。一时之间，我真不知道该说什么才好，似乎不管说什么，都会增加她的压力，而压力的主要来源，就是我们的简报课程！今天是简报发表日，每个学员要抽签轮流上台，站在台上进行7分钟的简报发表，然后接受同学和讲师的反馈。Peggy似乎被准备上台的强大压力笼罩住，一开始就闷闷不乐，第一堂课下课后已承受不住，而在楼梯间落泪。

对她而言，这像是一次越级打怪的过程。身为事务所的财会人员，平常的简报都是中规中矩，不需要什么变化。只是工作时间一久，她也想让自己有所成长，特别是希望自己站在台上时，讲话能更自在、更自然。带着这样的想法，她来上相关课程。

Hold不住的心理压力

第一天的课程就让Peggy感觉十分吃力，原本以为同学们都像她一样自觉口才不够好才来上课，然而她看到的是一群来自各个行业的精英，大家早就习惯高压及快节奏，这让平常工作步调比较平缓的她必须十分吃力地追赶。课后作业更是让她吃不消，她以财会审计为主题交出第一版简报，却被讲师无情退件，评为“重点不清，内容发散”。这是Peggy平时采用的简报方式，她不知道要如何改进才能符合讲师的要求。虽然其他学员也帮忙提供很多意见，她还是在茫然中。

情绪不断累积，到正式上台前，无形的压力逐渐让Peggy紧张到快喘不过气。她清楚听到自己心脏扑通扑通跳动的声音，她想说话，嘴巴却张不开。教室中所有人都专注在台上发表者的简报上，只有她不断挣扎着。想上台，却鼓不起勇气，她害怕自己站上台后，一句话都说不出来。“难道就要这样放弃？”这个想法不断出现在脑海中。终于在下课时，压力让她的眼泪溃堤。

要不要再努力一下

同学们和善地拍拍她的肩，安慰她。我告诉她：“不要强迫自己，准备好了再上台。真的不上台也没关系。”结果，一整天的简报演练结束，Peggy还是没能上台，最终带着落寞的神情离开。她虽然有点不甘心，但是又能怎么样呢？

没想到在回程的地铁上，另一位参与课程的同学叫住她，并且提议说：“你要不要讲一次准备的简报给我听？”原来同学看到她今天的样子，想让她试着在较没压力的情况下，完成预定的简报演练。Peggy深吸了一口气，打开计算机，真的就在地铁上向同学做简报。她觉得跟正式上台说话比起来，这样容易多了，她自己也不能理解，“为什么我一站上台就只听到自己心跳的声音，却说不出话来？”

大量演练，变成习惯

回家之后，Peggy再三思考：“难道就要这样放弃？”她想到在地铁上完成的演练，明明自己是有准备的，只是因为不习惯现场的压力，所以才会过度紧张。“再给自己一次机会吧？”带着这样的心情，Peggy跟我们说下次想上台，给自己再一次尝试的机会。她用了两三个月的时间，进行大量的练习，也找了许多简报课程的同学协助，让大家听她的简报，接受反馈并且修正。通过这样不间断地练习，Peggy逐渐习惯了站在台上说话。虽然还是会很紧张，甚至恐惧，但是一次次下来，她似乎习惯了听到自己心脏扑通扑通跳动的声音，也知道即使紧张，自己还是能够熟练地说出想表达的内容。

终于，同样的教室，同样的场景，同样要站在台上并接受教练与同学们的反馈以及建议，Peggy仍然显得相当紧张。听着心跳的声音，Peggy告诉自己："我已经准备好了，即使我很紧张，但我相信我一定可以做好！"深吸一口气，站上台，然后开口说话!

看着她在台上的表现，我还来不及写下第一句反馈，泪水已经开始打转了。不管内容说得如何，这样勇敢的样子，才是站在台上最好的表情啊!

【谢文宪老师讲评】

我有缘目睹Peggy挑战自我的神圣时刻。

适度的紧张，是避免志得意满的药方，但是过度的紧张，会让自己进退失据。不论她紧张的真正原因为何，所幸挑战自我成功，值得教练与同班学员一起喝彩。

15 关键时刻，别用“新手套”

——熟悉的旧设备VS陌生的新配备

为了给客户的提案简报，韦竹真是铆足了劲全力准备，甚至为了制作更好的PPT更换了一台笔记本电脑，只希望在提案时能给客户留下深刻的印象，进而促成这笔生意，打开新的市场。

韦竹是自动关门器公司的业务经理，公司最引以为傲的设备，是一种拥有多项专利的自动关门器。使用者只需更换几个门后铰链，就可以让门在打开后还能自动缓慢地轻轻关闭。这个产品在市场上极为罕见，一般都是用地铰链或门弓器，但是这些设备不仅耐用性不足，也不够美观。韦竹很有信心，只要客户了解这个产品，一定会喜欢这个创新的解决方案。

不过，也因为产品太新颖，很多客户对它都不够熟悉，在这种情况下，韦竹的说明简报就变成客户采用与否的关键了。

全新的文件与设备

为了这次的提案，韦竹特别重新制作了一份简报。在提案当天的配置中，文件是新的，笔记本电脑也是新的。会议桌上，笔记本电脑的背盖闪闪发光，连个指纹印都还没有。韦竹充满信心，她告诉自己“待会一定会有很好的表现”。然后，她连接了笔记本电脑与投影仪，准备开始她的提案。

提案开始，韦竹先简单自我介绍，接着播放产品简介的视频。“奇怪，怎么没声音？”在之前的计算机上播放都没有问题啊！为什么现在声音却不见了？伴随着现场的静默，她赶快用口述来补充画面上的说明重点。视频放完后要按下一页时，她发现新的遥控器似乎不大顺手，必须按得用力一点才能切换到下一页。“怎么会这样？”她虽然心里这样想着，但在客户前面一点也不能显露慌张的样子。于是，韦竹努力保持镇定，就这样若无其事地完成了这次的提案简报。幸好，最后客户也非常满意，打算在新的大楼项目中采用韦竹公司的自动关门器。

大赛不用新手套

“还好没有被这台新计算机害死！”带着一点点埋怨，韦竹跟我分享她这次提案简报的心得。

我一方面称赞她应对得宜，没有被设备的突发情况影响表现，另一方面也笑着对她说：“你有没有听说过‘大赛不用新手套’这句话？”她摇摇头。

“只要是重要比赛，职业棒球选手都会带着惯用的手套上场，绝不会选择没有用过的新手套！”因为旧手套已用得顺手，在比赛的关键时刻，不需要花时间去适应，也会让自己更有信心。如果使用新手套，在面对压力时有可能因为不够熟悉而造成失误。所以大部分的选手，都会带着旧手套上场比赛。至于新手套，还是等自己在平时训练使用一段时间并适应之后，才会在比赛中使用。

韦竹听了我的说明，点头表示理解。她看到我桌上那台陪着我征战数百场简报的老计算机，似乎更加明白了。

【谢文宪老师讲评】

这个案例浅显易懂，但是深入浅出，能赋予读者一把快速进阶的钥匙。

16 急智演讲者的极致反应

——依据现场情况，回应最契合的内容

到底要怎么样才能在台上“随机应变”，磨炼出极佳的临场反应？以下的故事，可以供大家参考。

演讲的接力赛

在“改变的勇气”慈善演讲现场，很荣幸邀请到叶丙成老师一起上台。演讲的规划是谢文宪老师先上场，我接第二棒，然后叶老师第三棒，每一个人讲20分钟，希望演讲的内容能让台下参与的伙伴们，在未来面对改变时，能找到方向并凝聚勇气。叶老师在这几年推动“翻转教育”，经常旅行各地，为各个学校的老师们，以演讲或上课的方式，传达创新的教育理念。

演讲开始前，叶老师先把当天演讲的PPT内容复制到了我的计算机中，待我一讲完，他马上能接着讲，不需要再更换计算机。我打开文件测试一下，顺利开启，内容大致也如原先预期，是叶老师这几年在各地推动翻转教学的历程，还有他对教学创新的想法与理念，我听过叶老师多次演讲，知道内容精彩可期！

第一棒谢文宪老师上台，跟大家分享为什么要办“改变的勇气”慈善演讲，也谈到自己这十年讲师历程的点点滴滴。作为开场第一棒，谢文宪老师总是能快速抓住听众的注意力。

第二棒我上台，我分享了自己人生三段转折的故事。说着故事的同时，我注意到台下每个人都专注地看着我，只有坐在第一排的叶老师，头也不抬地在笔记本电脑上打字，似乎还在修改演讲的PPT。“可是他的PPT不是已经完成了吗？”虽然心里有些疑惑，但他一定有他的理由，我这么想着，专心回到演讲的内容。

临机应变，更改演说内容

终于，轮到叶老师上场了，他直接走到讲桌旁，换上自己的计算机，然后开口说：“接下来这场演讲，我本来想跟大家分享教育的创新及改变，但是我刚刚听到谢文宪老师和王永福老师的内容，都是他们的人生经验，以及如何面对改变……”他清了一下声音，接着说：“我想，我也应该顺着这个方向，谈一下自己的人生经验与改变！”听他这么说，我着实吓了一跳，难道是要临时更换题目吗？我还一头雾水时，叶老师说：“接下来，我要跟大家分享，过去曾经影响我人生的三段经验……”

叶老师娓娓道来，回忆他在美国求学时，只会读书却不知道如何融入社交，甚至在聚会上发生啤酒过敏的事，也跟大家分享如何自主解决问题，拥有更成熟的研究精神。他还谈到曾经教过的一个学生，如何在挫折中体会人生，发现未来的新道路。每一段故事都极为动人，大家听得聚精会神，被叶老师故事中的情节牵引着，时而开怀大笑、时而感动沉吟。

掌握关键信息，编辑PPT画面

叶老师当然是演讲高手，生活中的故事随手拈来，马上可以变成台上精彩的演讲内容。然而，最令我最惊讶的是，当叶老师讲到关键时，PPT画面也配合绝佳，说到啤酒就有啤酒照片，说到路边的流浪汉马上就有流浪汉的影像。可是他先前交给我的PPT，完全没有这些内容！“这些PPT是什么时候做的啊？”演讲一结束，我迫不及待地问叶老师。

叶老师笑着说：“你们都谈人生经验，只有我要讲那么严肃的教学主题。我只能见机行事，临场应变！”我一脸茫然，不太懂他的意思。他解释：“我听到谢文宪老师的内容，就开始构思要更改演讲主题，等到你上台，我更确定了修改的方向，所以就当场改了。”什么？这是你刚才准备的，PPT呢？该不会也是刚才完成的吧？叶老师点点头说：“是啊！就在你上台演讲的时候，我急忙找出搭配新主题内容的关键图片，所以要跟你道歉，刚刚我都低着头改文件……”原来叶老师先前是在埋头修改简报。临场变招，还展示出完美搭配的画面，这等功力实在高强！

不断累积经验，成就奇迹

演讲结束后，许多听众跟我说：“叶老师的演讲超级精彩！”能依据现场听众的需要与期待，立即调整内容，并辅以精准的画面，说出更契合主题的内容，在台上完成美好的呈现，叶老师当天的表现令人称奇。

当然，台上没有奇迹，只有不断地经验累积与磨炼才能成就“临场应变”。

【谢文宪老师讲评】

一次现场示范，胜过无数道理。临场应变之前，需要拥有更多的生命体验。

17 信不信，很重要

——建立信任感的开场自我介绍

“我不想让别人知道我是博士……”小周老师诚恳地看着我说：“因为这样好像有点炫耀，而且在企业内部培训时这么说，似乎也不会加分？”在一次指导简报演练课程结束后，我跟小周开始了这段对谈。

小周是临床心理学博士，过去在教学医院有超过十年的服务经验，也参与过很多高风险的辅导工作，包括监狱、疗养院，他都有合作经验。平常工作除了看诊与心理咨询外，他也会接受许多不同团体的邀约授课或演讲。甚至后来，他决定全职投入企业培训领域，将自己心理学的专业，根据企业的需求规划出一系列如压力管理、向上沟通、正念减压，以及结合应用心理学技巧与业务销售的课程。在开始授课的初期，我们曾多次见面沟通，讨论他在台上授课时遇到的问题。

如何开场很重要

小周说："我觉得学员好像一开始不是很投入，一副事不关己的样子。我应该怎么做才能更快抓住学员的注意力，让学员相信我讲的内容对他们有帮助呢？"我很清楚小周这几个问题。站在台上说话时，经常是"台上说得天花乱坠，台下开始昏昏欲睡"，如果没能一开始就抓住听众的注意力，接下来即使内容再精彩，台下也未必能接收到。

"你是怎么开场教课的呢？"我问小周。

"就单刀直入，开始讲述啊！"小周很仔细地跟我描述他的教学内容，以及运用了什么教学技巧……还没有等他讲完，我就打断他的话："开始上课之前，学员知道你是谁了吗？"小周带着疑惑的表情回答我："我向大家介绍了我的名字，然后说我是今天上课的老师。"我摇摇头，跟他说仅仅这样是不够的。

掌握自我介绍的核心

"自我介绍的核心是建立信任。"我告诉小周，有哪些特点与课程有关，可以让学员快速信任讲授者，建立讲授者的专业形象与可信度，让听讲者觉得这是讲授这个主题的最佳人选，这些一开始就必须让学员充分理解。“也许还可以带一下你的临床心理博士学位与授课主题的关联。”我建议他。

“我不想让别人知道我是博士，而且，这样会不会有点炫耀？”小周疑惑地问。我很正面地回答他说：“这就要看你是怎么表达的。”只要态度调整好，甚至带点自我调侃，应该可以设计出一段快速建立信任感的精彩开场介绍。

听完我的建议之后，小周思索了一段时间，他决定突破自我设限。就在下一次为企业学员讲授压力管理的课程时，他的开场白变成了：“台湾地区有2300多万人，其中有56个临床心理学博士，49位在学校教书，6位在医院服务，只有一位在企业授课。那唯一的一个……就是站在各位前面的小周老师！”话一讲完，就看到台下学员的眼睛全都亮了起来。接着，他带着笑容继续说：“今天就由正牌的临床心理师来指导大家如何管理压力，大家觉得好不好啊？”听到台下学员肯定的回答，小周顿时显得更有信心了。原来，在一开始有一段建立信任感的自我介绍，会有这么好的效果！

【谢文宪老师讲评】

建立信任的why me开场，在企业内部培训中极为重要，你要是花30分钟才能说明自己有多厉害，保证下次就不用来了。

要尝试在很短的时间内让听众觉得你既专业又有趣，讲授的内容非常实用，很重要。你是谁？为何这很重要？开场只要说明清楚这两件事，演讲已经成功了一大半。

18 惊艳的企业内部培训

——音乐、节奏、气势、时间，四大关键

“惊为天人，自叹弗如”是我第一次观察“简报天王”——王永福老师上课的八字心得，我当晚就写了一封信给他，跟他分享我的观察心得，而多年后有四件事依然让我印象深刻。

音乐：教室里的催化剂

音乐有什么了不起吗？没有，一点都没有，我上课时也有音乐，而且我也很厉害，但王永福老师更强的地方就是，该出现音乐的时候都有音乐，不该有的时候就没有，而且都在一只手上就能掌控。

他将音乐全部事先嵌入PPT投影片中，一天7小时的课程仿佛是一种魔咒：“听到某段音乐，就自动进入某种行为与情绪之中。”

节奏：职业讲师等级的分水岭

讲师的分水岭是资历、学历、行业经验，还是口才？我觉得都不是，而是节奏。为何我会如此认为呢？

一般企业内部培训的学员几乎都是被安排来上课的，他们对课程的期望不是音乐会，而是演唱会的等级。职业歌手的演唱会重点不完全是歌声，进程与安排的方式才是关键。

哪个段落会出现飙高音，哪个段落唱主打歌，哪个段落安排了神秘嘉宾，哪个段落该给听众休息，哪个段落该结束……一场训练课程没有上百次的操练，很难兼顾相关细节，把握恰当节奏，王永福老师的确是个中好手。

气势：游刃有余

我印象很深刻的是下午时段，王永福老师十分清楚学员需要些时间消化课程内容，刻意给了15分钟的休息，然后带我去楼下便利商店点了杯热咖啡。我喝起来很惬意，但我问他："你不担心休息15分钟后很难把学员抓回来吗？"

王永福老师回答："不会，放心，他们一定还在拼命！"

进教室一看，果不其然，学员们都在演练接下来的简报模拟。我对他游刃有余的自信与气势留下了深刻印象。

时间：精准的掌控

我上课的时候通常会拖点时间，我觉得给学员多点东西有何不好？17：00结束的课程，有时会上到17：15。我去上王永福老师的那一场，9：35开始上课，快节奏与高张力的7个小时后，17：35结束。不仅准时结束课程，每一段的讨论与休息、课程与案例、视频与示范，都在控制时间内完成，没有大量的练习与淬炼，很难做到这些。

精准的时间控制，对授课者有何好处？

授课者对课程节奏的负责，对所有练习的深度掌控，对企业学员宝贵时间的认真态度，以及学员对授课者的信任度，时间绝对是重要评量指标之一，王永福老师做出了完美示范。

当天课程结束后，回家路途中，王永福老师的授课精神与态度、神情与样貌，一直在我脑海中挥之不去。

有没有我不喜欢的部分呢？也是有的，那就是他“追求完美比赛的自我苛求”，这是我比较不能认同的。

“台上十分钟，台下十年功”，这是真的，而且必须付出人生极大的成本。

【王永福老师讲评】

这些外在表现，不管是音乐、节奏、气势、时间，背后共同指向两件事：花时间学习，花时间练习。不断地学习与练习，才是完美表现的真正关键！

19 少讲一些，效果会更好

——理论与实务结合的教学应用

各式各样的挑战

时常面对拥有硕士、博士学位的学员，无论是向我们请教教学方法，甚至挑战我们的教学手法，在课堂上已司空见惯。

A学员："老师，我在大学教书，跟你们的企业教学不太一样。"我想接的下一句是："所以学生睡觉是常态啰？"

B学员："老师，游戏法与电影教学法不适合用在企业内部培训吧。"我想接的下一句是："所以7小时都是你一个人在讲吗？"

C学员："老师，小组讨论法感觉好像是在混时间。"我想接的下一句是："你觉得都由你来讲，学员能吸收多少？"

D学员："玩抢答、竞赛游戏、破冰活动，感觉很不入流。"我想接的下一句是："很多老师这样做，学习效果好，受到企业的高度肯定！"

您是否也有类似的问题？我想说的是："上台讲课就像打怪，面对的对手不一样，运用的武器与方法就不一样。"

成人学习有哪些特征？

面对成人学习，理解需求并掌握重点是极为重要的。先看看成人学习的6大特征。

1. 喜欢动手做。

2. 必须时时刺激学习动机。

3. 喜欢问为什么。

4. 质疑"凭什么是你来教我？"

5. 疑惑"学这个对我有什么好处？"

6. 不确定"学这个重要吗？"

根据多年成人教学的经验，面对成人学习者必须知己知彼，才能过关斩将。有没有什么共通且有效的方法呢？有两种基本的教学方法值得分享。

第一，先自行学习或动手做，再说明理论与流程

在工作教学的案例中，我们有时会先讲解步骤，再请同学示范，接着小组讨论，最后分享成果。这样的流程看似没有太多问题，但只要稍微调整一下顺序，效果将大不同。

例如，我先准备一段与主题相关的教学视频播放给学员看，如果学员无法立刻掌握要领，就再播放第二遍。随后请学员进行两分钟的小组讨论，题目就是：若要做好这件事，必须掌握哪些要领？

分组讨论之后，紧接着进行抢答，抢答过程计分，刺激学员发言的意愿。全部答对并不容易，只要能讲出要领的60%左右，就算表现不错。

最后，老师整合学员的答案，讲解一遍正确的流程与步骤。由于学员已先通过视频与讨论自己学习过一次，这时再吸收老师的说明或是流程讲解，效果会非常好。

第二，先示范，再讲解

好像要很会讲授才能当老师，如果你到现在还这么认为，恐怕你会因为学员玩手机与睡觉打呼而深受打击。

“口才”绝对是讲授者的必要条件，但不是唯一条件，“会做，比会说更重要”。

或许你会反驳，教学的流程应该是“我先说给你听，然后才是我做给你看”。没错，不过这是一般情况。如果在教学设计中，刻意在未事先提醒学员的情况下，先示范给学员看，让学员产生超乎预期的反应，或者让学员惊呼老师的高水平，都能引发学员继续往下学习的兴趣。这时，成人学习特征中的“刺激学习动机”“凭什么是你来教我”的问题，都能迎刃而解、不说自明。

具体怎么做

比如，在讲授演讲的开场技巧时，高明的做法绝对不会是自顾自地狂讲技巧，而可以在PPT上设置一些题目，让学员开始“小组讨论”。讨论完毕之后，再问：“刚刚这是开场技巧中的哪一种？”

随后让大家“抢答”，你一言我一语结束之后，再问：“那么刚刚我采用的是开场技巧中的哪一种呢？”

随后再说：“你以为只有我用这种方法吗？我们来看一段视频。”随即视频出现，等视频一结束，可以再接着问：“刚刚这是开场技巧中的哪一种？”

这样三个步骤结束之后，实际已经演示了开场三大技巧的操作方法——“小组讨论法”“问答法”“视频教学法”。

如此先示范再讲解的方法，学员可以清楚看到老师是如何应用这些技巧的。

总而言之，理论与实务必须紧密结合，不应以理论很难转换为各种授课方法为借口，身为老师必须考虑学员的立场，用清楚易懂的语言、有效的教学技巧，让学员快速进入学习状态，达成学习的高成效。

【王永福老师讲评】

教学、简报与演讲，各自有着不同的技巧，可惜很多教学者还是以“简报”的形式，来面对“教学”的挑战，授课时间一长，学员注意力散失，效果自然变得很差。

我常提到一个观点：“说得越少，才能教得越好。”纯粹用说来教学，也许速度很快，但学员忘记更快。一定要让学员自行思考、探索，甚至自己动手试过，才能真正让他们理解并留下深刻印象。

当然，想要自如运用各种技巧，需要累积很多经验，是一场时间的修炼。

20 别让工具变成绊脚石

——演讲者的生命在讲台，手法不是唯一

一场简报10分钟，一场演讲90分钟，一堂专题课程至少3小时，因此老师会使用较多手法增加专题课程的精彩度，以提高学员学习意愿，帮助学员快速理解并吸收课程内容。不过，手法人人会用，巧妙各有不同，如果时间比例不对，或是操作过头了，反而会带来反效果。

在此分享某次企业内部培训的案例。

视频可以载舟也能覆舟

课程即将开始，企业主管上台致辞。我预计一分钟之内他会将麦克风交给我，我自然地站了起来，眼睛看着主办方，偶尔点头微笑，表达礼貌与尊重。

3分钟过后，主管仍在台上，并从裤子口袋里拿出U盘，示意我用电脑播放其中保存的视频。我将U盘插入，寻找文件，此时台下学员开始聊天。我找到文件后，立即播放，瞄到视频长达13分钟，着实有种不祥的预感。

我原本准备的震撼开场，看来很难派上用场了，台下学员聊天、玩手机也开始变本加厉。由于视频画质不佳，还是若干年前网络流传的旧影片，从现场反应看来，大多数的学员都看过了。我坐着等待视频结束，过程中这位主管一句话也没说，只是静静地让视频播完。

终于轮到我上课时，开场气势也散了。

结束时，我向承办人请教，早上主管为何想播放该段视频。

“主管希望帮您开场，谈谈会说话的重要性啊！”

想达到这个目的，可以运用很多方法，包括说故事、分享案例、陈述自身经验或看法，甚至训话勉励学员都可以，为什么一定要使用一段长达13分钟且了无新意的视频呢？

我找不到理由，当时只有一个想法：“真正该上课的是这位主管。”

有时候，视频就像美女的耳环，点缀衬托女性之美，试想若挂着一对比脸还大的耳环，会是什么景象？当天下课时，我联想到的就是这般画面。

认清课程目标

一场7小时的企业训练课，主题为团队共识，若是用七八个游戏串联起来，结果会如何?

好玩、有趣、老师搞笑、很累、没时间休息、没空玩手机、时间紧凑……，这些都是从学员口中说出的评语，但是非常不幸，学员根本没有提到“我学到很多”这件事。

学习是目的，把学习放在第一位，拼命填塞知识固然不对，然而，如果忘了学习的初衷，只顾放视频，或玩一堆看似好玩，其实没太多意义的游戏，也无法达到学习效果。重点在于搭配运用，将课堂的讲授、小组讨论、游戏、角色扮演、抢答、竞赛、视频……，通过有效的设计，交互使用，才有可能达到预期的学习效果，而且整个流程还要顺畅、有余裕，不能将时间全部填满。千万别忘记，学员才是学习的主角。

以学员为主的教学思考

有一次我在广播节目中专访翻转教育专家叶丙成老师，他谈到以学生为主的学习模式（By the Student, BTS），老师不是教室里的主角，学生才是。老师要刺激学生的学习意愿，扮演学习推波助澜者的角色，营造一种热爱学习的环境与氛围。我非常认同叶老师的观点。

问题是，如何才能刺激学习意愿？

“让学生清楚知道学会这个知识或技能对他有何好处。”这是我心中的答案。

无论视频法、游戏法、讲授法，任何方法都只是达成该项目标的手法而已，不是老师想放视频就放，想玩游戏就玩，对于游戏或视频结合了什么特定的学习目标，老师必须了然于胸，也因此才选择这个手法。

或许你会问：“老师，你还没有回答我的问题，我们到底该怎么做呢？”

至于实际上该如何做，我在此分享几点看法。

1. 课前调查或作业：企业若能于课前整理学员需求提供给老师参考，或是由老师出几个简单的作业，老师便能大致了解学员的程度与水平，这些对于课程的规划会很有帮助。

2. 时间长短的拿捏：演讲、简报偏向单向，授课偏向互动，千万不要混淆了，错把长时间的课程用短时间的方式来操作，或是把短时间的演讲变得冗长。

3. 莫忘初衷与目标：视频与游戏都是画龙点睛的手段，重点是讲授者对该主题的拓展与总结都要结合学习目标与初衷。

4. Take Away and Action：演讲者在离开授课或演讲场地之前自问："学员或听众带走了什么？学会了什么？"哪怕只是几点精华要领，都会比一堂昙花一现的烟火秀来得有意义。

5. 课后调查：虽然不一定可以精准反映学员满意度，但长时间的数据与文字意见，肯定是演讲者进步的最大能量来源。

6. 演讲者的生命在讲台：要全心全力投入，无论简报、演讲、课程，唯有维持热情全力以赴，才是不败之道。上课手法只是之一，不是唯一。

【王永福老师讲评】

所有的教学方法都是为了要达到最终的课程目标，因此必须检视核心问题："你是否确实知道课程目标是什么？"

好的课程目标要能够在教学结束后立即评估，因此像是"激励团队士气""加强组织的学习能力""提升公司竞争力"这些都是模糊不清的目标，无法马上确认是否达成。如果设定的目标模糊，有没有达成当然也就不清不楚了。

21 演讲者的态度影响全场感受

——做好事前准备，正向面对意外情况

进到教室后，我照例把计算机设备架好，接下来检查一下现场，灯光OK！桌椅OK！空调OK！音响OK！

正在检查时，我发现有一个低频的噪音随着空调启动而来，像是管线震动的声音。如果没有特别留意，并不太容易听到。但是对声音有点敏感的我，还是再次确认了声音的来源。等到一切就绪后，准备开始一整天紧凑的专业课程。

才开场说了几句话，突然听到楼上有阵阵“嗒嗒嗒……”的噪音，穿过天花板，很清楚地传到教室中。不一会儿助理回报，楼上在进行厕所拆除工程，因为工人只能利用周末施工，所以今明两天会全天赶工！这个声音，就是工人用打石机敲打墙壁及地板的声音。“嗒嗒嗒……嗒嗒嗒……”，看起来今天一整天都要伴随着噪音上课了。

“四它”心法的运用

虽然学员没说什么，但我知道大家上课的情绪一定会受到影响。学员排除各种困难利用假日来上课，却必须与噪音共处，一定不太舒服。而我自己本来就对声音敏感，连细微的共鸣声都能注意到，更不用说这种铺天盖地的打石声带来的干扰了。甚至，我还必须持续提高音量，才能对抗噪音，带领学员继续课程内容。

一面说话，我一面在心里盘算：“临时换教室应该是不可能，怪罪场地单位也没有用（事前不知道，因为楼上是不同公司），而施工噪音没有停止的趋势，但学员的学习已经开始受到影响，我到底该做些什么来改善噪音的干扰呢？”

此时，心中突然浮现出“四它”——面对它、接受它、处理它、放下它。我拿起麦克风，说了以下几句话：

“大家一定注意到今天教室里有一些打石的噪音。”（面对它）

“刚才已经去确认过，他们会施工一整天。所以，看来这个声音会伴随我们上课，可能会给大家带来一些干扰。”（接受它）

“但是请大家放心，我们会用更棒的上课节奏、更好的课程互动，以及更精彩的课程内容，带领大家投入学习。用认真专注的态度，让大家忘记噪音的存在，甚至忘记时间的流逝。”（处理它）

“恶劣的环境考验我们的意志，我会带领大家通过这次的考验！让我们继续下一段课程……”（放下它）

说了这几句话后，我们就真的往前进，继续一整天的课程学习、讨论以及演练。虽然打石的噪音持续存在，但是没过多久，学员似乎也习惯了与它共处，噪音的干扰几乎被忽略了！

对现场完全负责

写出这段故事是想分享一件事：有些事情可以做到事前的检查与控制，像是音响、设备、场地等等，这些当然要做好万全准备，务必达到最佳状态。但是有时到了现场后，才发现有意料之外、无法解决的问题，道歉也没有用，生气或怪罪任何人，都无法改善现场情况。这时一定要记得：“身为讲师，你对现场负有完全的责任！”你的反应与处理的方式，会决定现场参与者的感受。

在这种情况下，请试着“面对它、接受它、处理它、放下它”，正面迎向挑战，尽力确保你想要呈现的课程或演讲质量。将意外情况视为考验自己和听众的机会，带领大家通过考验，这是专业讲师必须有的基本态度。

【谢文宪老师讲评】

从简报、授课、演讲到人生，都适用“四它”。

娓娓道来的背后，讲师的态度与信念决定了这支麦克风的力量。能否克服世俗的烦躁与心魔，也全在一念之间。

22 大型演讲，一切操之在我

——主动出击，积极解决，发挥幽默感

下午3点48分，距离演讲开始还有42分钟，依照惯例，我是第一个到现场的人，除了承办人以外。

现场排了近百张椅子，一位学员都还没到，我跟客户企业的副总打过招呼后，开始测试设备。不知为何有种不祥的预感，脑海开始追溯过去所有演讲失利的情况，提醒自己全力以赴。

抓出现场不利因素

我花了一分钟时间观察现场，发现有几个不利于演讲的因素，以往出现两三个也就罢了，今天竟然一次出现8个。

1. 场地只有一个门，而且在前面。

2. 楼下是办公室，演讲场地在四楼，人员往来，听众若要处理紧急事项，你挡都挡不住。

3. 隔壁是行政中心，电话很多，每次电话一响，演讲现场都听得非常清楚。

4. 演讲位置的右侧是玻璃墙，下午四五点光线还不错，但播放投影时会受到影响。

5. 投影仪临时架在小桌子上，投影距离很近。虽然画质不错，但演讲者一走动，势必会有黑影遮住投影片，走位因而受限。

6. 音源与麦克风用同一个喇叭扩音，助理表示质量不稳定。

7. 我被安排在另外两位内部讲师后面，虽然大致顺过流程，但仍有风险。

8. 听说最近该区业绩紧张，士气不佳。

我一口气写下8个缺点与不利因素，但有没有有利因素呢?

也有。

1. 大老板全程参加，加上前面已有该公司其他三区对这场“练习改变”的演讲留下好口碑。虽然此区的员工不认识我，但老板对我竖起大拇指，有领导的支持认可，员工多少充满期待。

2. 这次讲课报价很高，客户应该会全力动员，教室有可能爆满。

小情况不断，主动出击

我前面的第一位演讲人是公司内部动员的领导，开场声音洪亮，我的心安定了不少。一分钟之后，情况变得不太妙。

开始播放视频，结果没有声音。

这不就应验了我列举不利因素的第6点？现场气氛有点紧张，工作人员赶紧调试，声音出来了，但已经过了3分钟的冷场。

幸好随后的演讲很顺利，交棒给第二位内部讲师。

尽管第二位讲师越讲越精彩，听众却在享用主办单位提供的面包餐盒，很少人专心聆听。我坐在隔壁玻璃隔间的会议室里，看得一清二楚。此时，全场座位只坐了七成满。

等到第二位讲师介绍我出场时，我马上大声宣布："给我3分钟，请大家帮我做四件事好吗？

第一，请先帮忙将计算机换成我的。

第二，请右边几位学员帮我把窗帘全部拉下来。

第三，请大家先去上厕所，顺便回电话。

第四，麻烦主管呼叫一下还没来的人，我们3分钟后马上开始。"

我觉得要先排除几个变量，才能从容应战。突发情况永远不会消失，需要经验与胆识应对。

问题还是找上你

一开始的why me还算可以，我有知名度后，自我介绍越来越短，5分钟后就切入正题，但在吃东西的学员还是不间断地啃着面包。

10分钟后，第一段视频短短一分钟，遥控器一按，音箱没有声音，但会议室里我的蓝牙小喇叭却播出声音，全场一阵狂笑。

我也笑了出来。

应该是蓝牙没关，我一不做二不休，直接请助理将蓝牙喇叭拿过来，用无线麦克风堵住蓝牙的口，让声音从扩音喇叭播出来，才解决了第一道难题。

随后左侧传来窸窸窣窣的声音，总是比右侧的干扰多，有两个爱讲话的，一个老是在回电话，三个双手抱胸，还有几个在吃面包，演讲的挑战总是一直不断找上我。

其中还夹杂了几次行政中心电话的铃声。

其实问题一直都在，我该如何克服?

全力以赴，我就是焦点

我发现左侧比较不专心之后，就像舞者一般扭腰摆臀地从右边转到左边，让观众看到我故意又无可奈何要避开投影仪光线的样子，并努力想与左侧的学员目光交汇。

我对着其中一位说：“您一定是工作很忙中午没时间吃午餐。这面包是不是很好吃？等一下可以分我一盒吗？”现场哈哈大笑。

我对着另一位学员说：“您认真回电话的样子，老板应该给您加薪才对。”大家又忍不住笑出来。

我看着那几位双手抱胸的学员说：“我看到你们就想起以前我在房地产公司上班时，明明月底已经没有任何一个客户可以联络了，老板还要我硬挤出名单来，我那时应该就是这种心不甘情不愿的表情吧。”这时全场已经笑到腰都挺不直了。

隔壁的电话一响，我马上说：“喂，您好！”全场终于笑翻。

笑声持续两三分钟。

我准备为此段落收尾，我对全场学员说：“我带着满腔热血来面对你们，但你们似乎对我不太感兴趣，这就跟你们面对客户时的情况一样，心态可以‘练习改变’，是吧？”

话锋一转，我把演讲的主题用现场的情况阐述了一遍，这个例子亲切又深刻。

你若问我：“面对演讲的变量，最有利的武器是什么？”

那么我的回答一定是：“幽默感！”

【王永福老师讲评】

在这个案例中，“事先评估影响，上台主动排除”是最令人佩服之处。

很多人并不知道什么情况会对上台产生影响，这多少与经验有关。但如果你察觉到现场情况有问题，包括投影仪及硬件、现场座位的摆设，甚至学习气氛等等，你会想办法处理吗？还是认为没什么关系，只要把时间撑完就好？

重要的绝对不是发现问题，而是发现问题之后如何主动出击，积极解决。这才是我们要学习的关键啊！

23 一年两百场演讲，你要如何准备

——职业级临场应变，吸收实时信息

学员除了上我的公开课程以外，都很想跟我去企业实战的场合观摩。

适合的机会终于来了！

演讲实战观摩

我在做一场“练习改变”的专题演讲时，便约了四位学员观摩，一位在饭店业担任营销主管，一位在百货业担任营运主管，一位医生，还有一位是美容诊所的院长，每个人都很看重这场演讲，我更是全力以赴。

演讲前，我告诉大家：“与其看我在课堂上说得头头是道，不如来观摩我的实战。演讲后我会请大家分享观察心得，记得做笔记。”

大家点头称是，我准备上阵。

对象是药厂业务，演讲开始前，我与高管对谈一分钟，与承办人对谈一分钟，得到一些重要信息。

业务高管J：“老师，我在之前服务的公司听过您的演讲，目前本公司与各业务部门正面临组织调整，环境改变了，以前的优势现在变得不那么明显，真的要麻烦您了。”

承办人A：“学员一早赶来，精神不济，下午3点15分开始的演讲，麻烦您一定要振奋学员的精神。”

每一场演讲，无论时间有多紧张，我都希望先跟主管与承办人谈一谈，我们的对话将在演讲中发挥正面影响作用。

现场吸收，实时运用

演讲除了事前要充分准备，现场吸收实时信息能大大增加精彩度。“临场反应”与“幽默感”是演讲决胜之道。

在这场演讲中，我将实时得到的信息转化出来。

比如，我对学员说：“演讲开始前，A跟我说，你们很早出发，很累、会睡着，我觉得很纳闷，你们跟他说的应该不是同一批人吧？刚刚两小时每个人都聚精会神看着我，只有三个人去厕所，十八个人拿面纸擦眼泪，九成的人拿手机拍投影片。”

现场一片笑声。

我是应用了许多演讲的技巧，但完全没用举手法、抢答法、竞赛法、分组法……，这些属于基本技巧，掌握了基本技巧之后，还需要更多的灵活运用，才能让演讲跳脱方法的框架，形成自己独特的生命力。

你的勤奋用对地方了吗

许多人对演讲的想法就是事前努力认真地准备、准备、再准备，这完全符合“勤奋”的意义，但是我发现许多所谓的“勤奋者”，只是“表演出很勤奋的感觉”，而没有想过这样的勤奋到底有何意义？现场有时是无法通过勤奋二字达到预期效果的。

例如学员的情况、设备、时间、气氛……，或许你认为这些都可以事前准备。但是，当你一年有将近两百场演讲或课程，在这种情况下，你知道自己到底要准备什么吗?

一旦成为职业讲师，就不是准备演讲内容，“而是准备自己的状态”。休息、饮食、备用档案、3C工具、随身小礼物、幽默感……，这些都是我说的状态，让自己处在最佳状态，再加上勤奋才有用。

如果只是一直研究PPT，却忽略自己论述议题的能力，就是搞错重点了。一旦优先级颠倒，却仍“勤奋不已”，只会白费力气，并且与目标渐行渐远。

分享与自我评估

说到这里，我要与大家分享四位旁听学员对该场演讲的评价。

医生：“请一天假只为了听演讲很值得，老师对听众的情绪起伏掌握得天衣无缝，尤其面对三位听众上厕所的临场回应，巧妙得如神来一笔。”

美容诊所的院长：“老师总是能用浅显易懂的语言让台下听众了解所要传递的信息，这是我要学习的，与其学习举手法、抢答法、投影片……，不如强化自己的信念与想要传递的信息。”

百货业主管：“老师对现场观众的情绪掌控行云流水、神乎其技，进入高点后顿时摔落谷底，低谷盘旋一阵，瞬间拉抬至高峰的爆发力，神级表现，叹为观止。”

饭店业的营销主管有事离开，没听到演讲，他说下一次一定来，我说再等三年吧。

根据我的自我评估，这场演讲我做对了四件事。

1. 开场前与主管、承办人谈话，取得诸多重要信息。

2. 四位学员观摩，激励我快速进入紧张作战状态。

3. 仔细阅读听众的表情，试想自己若是观众会期待演讲者说什么。

4. 真诚，不虚假。

【王永福老师讲评】

“现场技巧到底重不重要？”

在我的观察与认知中，谢文宪老师属于威力型的讲师，只要一站上台，麦克风一开，自然就能发挥强大的影响力。至于运用了什么技巧，对他而言并不是最重要的。

而我不像谢文宪老师这么有威力，因此我可能更擅长通过现场技巧的规划与设计，让台下听众更聚精会神，更快融入整个教学或演讲现场。

你不必认定哪一种比较好，更重要的是：清楚你是谁？你的风格是什么？如何将自己的特色发挥到极致？这绝对值得你认真思考。

第三章

指导你高超技巧

24 分秒必争的电梯简报

——快速讲出重点的练习

到现在我都还清楚记得第一次见到Betty的样子，国际知名食品大厂的总经理，干练、精明又漂亮，站在讲台上为一整天的训练课程开场。“相信大家今天一定可以学习到很多简报表达技巧，有机会我也会跟老师交流切磋。”Betty站在台上，眼光扫视着台下的每一位同事。

过去在不同的地方教课时，我们经常会遇到高管的关心与参与，但是很多主管只是在开场致辞，或是坐在教室后面观察，像今天的情况，跨国企业的总经理在训练教室坐上一整天，而且还以学员的身份参与，这就真的很少见。所以，我自己也很期待在课程中能跟Betty有一些交流。

To the point!

趁着课间休息，我私底下请问她：“你对同事简报有什么期待或要求？”她点了点头说：“要to the point！我希望大家的简报能快速有重点。”原来有很多同事的简报经常是长篇大论，开始5分钟后还没谈到重点。这给工作节奏快的Betty造成不少困扰。身为高管，有时她只是想知道事情的概况，能够在一两分钟之内得到需要的信息，她很希望同事可以学习快速讲出重点的方法。

于是在下一堂课开始，我请同事拿着准备好的20分钟简报上台，并提出一个情境要求：有一天你进入电梯，刚好主管也在里面。主管知道你下个星期要进行工作简报，因此要求你先快速报告重点让他了解。随着电梯往下，时间很快就过去了。现在你大约有90秒的时间，要把原本20分钟的简报浓缩成重点说出来，这时你应该怎么做呢？

倒三角形叙述，快速、有重点

电梯简报不同于一般简报，最大的特点是必须在有限时间内，完成清楚的说明。因此要采取倒三角形的叙述，先讲结论，接着重点摘要，最后才是内容说明。进行的方式大致如下。

1. 先讲结论：电梯简报时间很短，可以先花10秒讲一下最大的重点，也就是最后的结论。以刚才的情况为例，可以先说：“下周的工作简报，我会说明如何通过新产品开发达成年营收20%的增长计划。”

2. 重点摘要：结论讲完后，就可以接重点摘要，例如：“报告中，我会提到市场分析、新产品简介、营销规划以及效益分析这四大重点，让大家清楚我们的执行细节。”像这样的重点摘要，大概只需要花20秒就可以让主管清楚掌握整个简报的轮廓。

3. 内容说明：前面的结论加上重点摘要，大概会花30秒的时间，接下来的一分钟可以再回头补充说明每一个阶段重点的内容，例如：“在第一阶段市场分析，我们会分析目前市场整体的销售情况，并且说明一下消费者现有的需求，以及我们产品切入的角度。在第二阶段我们会针对这次推出的新产品，做一份完整的功能及特色介绍，让大家了解产品的销售卖点。而在第三阶段营销规划，我们会……”就像这样，针对每一个重点进行内容概要的补充。记得！不要讲得太细，只要把最大的重点说出来即可。主管在听取电梯简报时，也不是要知道多么深入的细节，只要能在最短的时间让主管了解事情的全貌与最大重点即可。

根据倒三角形的叙述模式，当天的学员很快进行了浓缩式的电梯简报演练，并在最短的时间内将重点做出清楚的呈现。看到同事的表现，Betty露出满意的笑容，“我只有一个建议，”Betty说：“下一次应该在电梯里实际练习！”

【谢文宪老师讲评】

对于实事求是的高管而言，精准与有效率的谈话一向是诉求之一。掌握倒三角诀窍，让你未来无预期遇见高管，“只会想到机会，不再感到害怕”，尤其真的在电梯里时。

25 越难，越要让人听得懂

——将复杂的概念，浓缩成三点

你一般都怎样做产品简报呢?

担任专业讲师初期，我经常出现在金融业或科技业企业。尤其是科技业的简报很让我头痛，那是一种说不清楚原因的头痛。

化繁为简

“专业，是通俗的沟通”，而简报更是“职场最不公平的竞赛”，这两点我一直奉为圭臬。

“通俗的沟通?我们的专业就是不通俗啊?科技，你们不懂！”回想在科技业服务那6年，其实我也在学习。

每次业务经理季会，一整天下来，二十几位业务经理对总经理做简报，几乎不是你死就是我活，要不睡成一片，要不你讲你的，我回我的邮件，这个场景就算相隔许多年，依然是场噩梦！

每每走出会议室，能让我留下深刻印象的，几乎都是化繁为简、举例生动，或是带有故事性的简报。

我请教了简报生动的业务主管，他们都提到共通的概念："化繁为简""十分钟只讲三件事"。这让我确信日后在简报的教学中，一定要秉持这些原则。

少即是多

每次去金融企业，无论是担任简报评审或是简报教练，看到的PPT上几乎都塞满着信息，还有大量的图表与表格。

有一次，学员因副总要求他将十分钟简报塞进三张投影片中，他不知如何是好，于是问我如何"塞"以及"塞"的技巧?

结果，我们因为"投影片该如何呈现"意见相左，经过一番争辩后，对方丢下一句话："老师你不懂！"随后扬长而去。

在金融业看过的简报中，有位学员J倒是让我印象深刻。

当天有25位学员参加简报比赛，每位仅有6分钟的时间，随后是自我评价、观察员讲评，最后才是我讲评，题目是很难懂的"信贷推广业务"。

只见J上台后，用了他独特冷面笑匠的功夫，以极慢的语速讲述，PPT上的字不多，但字都很大，下午两点抽签上台的他，明显扭转了原本不利的情势。

他把产品的特色浓缩成三点来说明，至少在破题的时候，听众立刻就知道只有三件事，应该不会太难懂。

随后他用了三位当时有名的政治人物，取其名字中的一个字带出重点，还用了政治人物的大头照，具象的图示让人耳目一新。

在介绍信贷三大特色时，他巧妙联结了三位政治人物曾说过的话，或是政党倾向，并以颜色区隔PPT画面，几个笑梗调和了严肃的产品说明。

当天J获得台下学员与领导一致好评，拿下第一名。从我的角度来看，这项荣誉绝非运气，他的确运用了几种特殊的方法。

夺冠的秘诀

把复杂信息变成好记的三件事，不仅要非常了解产品特色，还必须能灵活运用。

以清楚明了的简报色块，分别代表三位政治人物的立场，再搭配名字里的字，与产品的实用特色产生联想，真的非常有创意。

6分钟简报中，J只用了一张简单的图表，配上几张大字的PPT，外加三位政治人物的照片，再辅以显眼的色块，事隔多年仍让我记忆犹新。至于其他24位参赛者的简报与脸孔，早已不复记忆了。

为什么这样做会有如此显著的效果?

首先，“三”是一般人在十分钟之内，不用笔记就能记住内容标题的上限。

其次，若是三件事仍然讲得很复杂，不能用通俗语言说明，也不会获得评审与听众青睐。

最后，以政治人物作为笑梗很容易引起共鸣，听众在会心一笑时，已经不知不觉记住简报重点了。

上面这一段我也示范使用“三点”来说明一件事，从“首先”，到“其次”，“最后”用来收尾，让本篇重点也变得好记了。

面面俱到，环环相扣

提醒大家，三个重点要从不同角度切入，同时紧紧扣住题目与目标，这样的简报才会令人印象深刻!

实例说明一：改变的构成面

主题：练习改变

三大重点：很难改变、为何改变、如何改变

实例说明二：选择的构成面

主题：人生选择

三大重点：选择的难处、为何需要好选择、人生选择的诀窍

实例说明三：职场阶段分类

主题：弯道加速的职场人生

三大重点：幕僚人资阶段、业务人生阶段、创业阶段

实例说明四：时间轴分类

主题：十年前不懂，如今不得不懂的人生启示

三大重点：18岁到28岁阶段，28岁到38岁阶段，38岁到48岁阶段

【王永福老师讲评】

“三”像是个黄金分割，经常在高手的简报中看到。很多人会担心，只讲三件事，听众会不会觉得过于浓缩、过于简单？

其实这种担心是多余的，“简报的核心，不仅是用来传达资料内容，更重要的是说服”。当你只想着传达信息时，便会在简报中塞入一大堆信息；而当你想的是说服听众，就会开始思考用什么方式能让听众理解、记住而且被说服。这时候“三重点分割”就是非常好用的技巧。

换一个说法，如果听众连三个重点都记不住，又如何能消化更多的内容呢？

26 善用好图，达到最佳说服效果

——如何平衡设计感与真实感?

这几年大家越来越重视简报设计，不同风格的简报各有不同的支持者。有些人喜欢全图大字，有些人喜欢精致内容，另有一派喜欢把图像转成平面化示意，让PPT看起来更有设计感。而我总是从简报效果的角度来思考，内容配合什么样的风格最能达到说服成效，我就支持什么样的风格。因此，第一次看到连主任的PPT时，我除了觉得“很漂亮”之外，似乎也没有特别的感受!

示意图与情境

连主任是一家医院发展策划部的主管，平常的核心工作就是为医院公关以及募款。许多的企业合作与资源赞助，都是通过他拜访、联系而来。连主任经常有机会跟着医疗团队深入山地偏乡进行医疗服务。他观察到一个现象，有许多病人无法自主行动，必须依赖他人的照护，包括移动、洗澡、更衣，或是就医时的搀扶，甚至必须以人力徒手抱起搬动。想想看要抱起一个成人，需要多大的力量？更何况是一个相对虚弱，无法行动或不易挪移的患者。不仅患者不适，照顾者也可能因此受伤。面对这样的问题，连主任开始寻找解决的方法。

搜集了相关资料，他发现目前有一种“零抬举照护”（No-Lift Policy）的模式，就是利用特别设计的辅具及流程，让照护者在整个过程中，无须徒手搬动患者或被照护者。除了可以避免受伤外，还可以让双方有更好的生活质量。连主任把这些观念与信息整理成简报，希望协助推广零抬举照护，嘉惠更多有需要的人。他拿着刚完成的简报来，想听听我有什么建议。

简报很漂亮，也很有设计感。大量运用平面化及扁平化的手法，把一些照护的情境转化成示意图的形式。就像我们在道路交通标志上看到的行人、汽车、道路施工的图像，并运用色块作为形体的外框。这种简单的图示可以快速表达想要描述的情境，是目前受许多人喜爱的做法。

用照片传达新概念

“简报很有设计感，却少了一些真实感！”我看到简报中大量运用一些设计图形、色块与示意形状来表现照护患者的场景，视觉上很漂亮，但是零抬举照护这样的新观念并不普及，如果只用图示表示，大众还是比较难想象。在这种情况下，为什么不直接展示实际的照片，让观者清楚感受到搬移被照护者是多么吃力的一件事呢？“用平面化增加设计感，用照片增添真实感。”我给连主任这样的建议。“没问题！我手边有一些素材，整理一下就能派上用场。”于是他回去修改这份零抬举照护的简报。

修改后的简报，增加了许多照护的实景画面，原来的平面化内容则适度地运用在简报的重点示意与内容分割上。于是，连主任拿着新版本的简报，顺利为医院募得几笔捐款，让病房与护理之家增添适当的用具器材，使工作人员能开始采取零抬举的模式照护患者，降低了照护者与被照护者受伤的可能性。不仅如此，他还把这份简报与相关的照护机构分享，让更多人了解如何做到零抬举照护。

简报的重点，其实不在于好不好看，有没有设计感，这些都只是附加价值。通过一份真实的简报，传达重要观念并达到预期的效果，真正发挥影响力，让更多人受益，才是学习简报与表达技巧的主要目的，不是吗？

【谢文宪老师讲评】

一图解千文，好图胜万言。何谓好图？天然就好。实景照片，就是最好的图片，你还在美图秀秀吗？别再搞错方向了。

27 产品介绍让原厂说“赞”

——不懂中文也可以“秒懂”

我第一次听到CLP时，完全不知道是什么东西。仔细阅读简报上的资料后，大概理解是一种润滑油，跟平常熟悉的WD40喷式的润滑油功能类似。由于包含太多专业名词以及检验报告，我在听简报的时候感到有点吃力。这也是耿颉规划这份提案说明时遇到的最大挑战——如何让台下听众听懂专业主题的简报?

怎样传达专业而冷门的知识

在进一步了解后，我才知道CLP不仅是润滑油，还被美军用来保养枪械及武器。耿颉把照片展示给我看时，我才认知到这是非常专业且高端的产品。我问他：“像这样的产品，应该很好销售吧？”没想到耿颉带着苦笑对我说：“这项产品还没有太多人知道，因此还在推广中……”这么说我就懂了，关于润滑及保养油品的相关知识本来就专业而冷门，真正了解的人不多，再加上市场知名度不够，要怎么推广才能提高销售，对于营销业务人员来说，还真的是一大挑战。

“你手边有什么证明产品性能的资料吗？”我问耿颉。

“我有很多原厂的检验报告。”耿颉马上打开计算机展示。看着荧幕上密密麻麻的专业名词与检验数据，我只觉得这些资料过于专业，客户及消费者一定没有办法马上理解吸收。

当我进一步追问还有没有更直接、一眼就能看出产品特点的资料时，他想了想，告诉我说：“有几段网络视频，还挺有意思的。”

有效视频胜过千言万语

原来是有几位美国的枪械玩家，为了要试验哪些油品适合用于枪械保养，因此拿了CLP与其他几种不同品牌的油品一起做耐高温试验。因为枪口在射击时会产生高热，如果保养油品耐热性不够，就无法发挥保护器械的功能。我看着网络上的视频，测试者把高热的枪管丢进其他油品时，突然“轰”的一声，保养油品就被点燃了！（吓了我一大跳！）而同样的高热枪管丢到CLP中，就像丢入水中一样，冒出了一些蒸气，之后又归于平静。通过视频展示，CLP的耐热性表露无遗。

“这段视频太棒了！”我告诉耿颉，过于专业的说明有时很难理解，但是一段简单的视频，可以让听众“秒懂”，如果影片可以取得授权使用，就是一份绝佳的素材。他听了深表赞同，立刻着手进行相关的联系及剪辑事宜。

结果没过几周，就收到了好消息。连生产这个产品原厂派来的代表，也在简报后对耿颉竖起大拇指说：“虽然我不懂中文，但我完全知道你要表达的内容！”原厂代表希望获得耿颉的同意，将他的简报作为原厂的训练教案使用。

“请问CLP这个产品有零售吗？”我笑着问他。如果在我平常骑的自行车上，也能使用与美军相同规格的保养油品，说不定可以骑得更快一点……看来连我也被这份简报说服了！

【谢文宪老师讲评】

简报最迷人之处在于，就算口才、投影片、外形、肢体语言、声音语调等外在条件不如他人，经过有效的训练，都能更上一层楼。

专业简报制作到连不懂中文的人都听得懂，还有什么难得倒我们？产品越是复杂，越要说“人话”，你同意吗？

28 让听众“看见”古典音乐

——结合创意的简报表现

一开场，演讲者还没说话，现场马上传来连续两次三短一长的古典乐声。接着，演讲者问大家：“请问这是谁的作品？”有一个高中生举手说：“贝多芬的《命运交响曲》！”现场随即响起掌声，答对的高中生获得一个小奖品。随后演讲者继续带领听众“听见”并“看见”古典音乐之美！

“听见”古典音乐，大多数人都能理解，但什么是“看见”古典音乐呢？

音乐欣赏也需要简报技巧吗

涵宁老师是一家音乐馆的音乐老师。这家音乐馆由民间的乐赏基金会经营，致力于古典音乐的欣赏与推广。除了提供古典音乐的信息给参观者，音乐馆还有固定的音乐赏析时间，以讲座的方式带领参观者进入古典音乐的世界。涵宁要在这个讲座中，以15~20分钟的时间，介绍贝多芬及其最著名的作品，也就是《命运交响曲》。

如果向原本就是古典音乐的爱好者介绍贝多芬，自然很容易引起听众的兴趣。但是来参观音乐馆的人，不一定是为古典音乐而来。他们有些是因为好奇走进来，也有些是为了游览周边景观顺路进来。在听众组成多样、年龄分布差距很大的情况下，要谈古典音乐，介绍贝多芬，还要抓住听众的注意力，让人觉得有趣，实在是很大的挑战！这也是当初涵宁来学习简报技巧的原因！

“怎么样可以让古典音乐赏析生动又有趣呢？”我在课堂中抛出这个问题，让大家一起发想。

马上就有人提出：“可以让听众听一小段音乐，玩古典音乐猜猜看的游戏！”这是一个好构想，其实有些古典音乐的段落，时常出现在日常生活中。例如，垃圾车音乐（《给爱丽丝》或《少女的祈祷》）、电影《我的野蛮女友》中的钢琴曲（《卡农》），甚至是儿歌《小星星》也曾被莫扎特改编为变奏曲。如果可以在简报过程中插入一些普通人耳熟能详的古典音乐段落，进行有奖抢答，效果应该不错。

如何让听众“看见”音乐

“用视觉化的方式，介绍古典音乐！”接下来，有人提出这样的想法。如果可以有一些照片或是作曲家的手稿，甚至是一段交响乐团的视频穿插在简报说明中，效果应该也很好。但是音乐本身要怎么被“看到”，实在很难想象。在脑力激荡的过程中，我回头望向涵宁，她微笑着点头，看来这些五花八门的点子似乎触发了她一些想法。

课程结束后没多久，我收到一段视频，是涵宁在音乐馆演讲的情形，主题是：“贝多芬——穿越黑暗，迎向光明”。她运用了许多我们在课堂上讨论的构想，例如古典音乐猜猜看、作家生平介绍与照片、交响乐团的视频都被她巧妙安排在说明的段落中。这段视频呈现了听众聚精会神的表情，可以想象现场的效果非常“吸睛”。

最让我惊讶的是，她把贝多芬《命运交响曲》的经典乐句，那个三短一长的重复段落，运用计算机软件呈现出一段一段看得到的音乐线条。短音节，就用短的线条；长音节，就用长的线条。声音的高低，则决定了线条位置的高低。用这样的表现方式，听众不仅“听”得到音乐，还“看”得到音乐的样子，以及作曲家是如何通过重复的乐句，表现出音乐的心情及剧情。听众不需要懂得乐理，也能“看到”音乐的表现，从中学习到音乐欣赏的重点，这真是一个非常高明的手法！

“怎么想到这个好主意？”我问涵宁。“我听了大家的建议啊！既然听众希望看到音乐，我就想个办法让大家看到。”不受限于表达形式，涵宁成功让听众欣赏到了古典音乐，同时也更进一步认识古典音乐。

【谢文宪老师讲评】

涵宁不仅让音乐被听见，更让音乐被看见，多一种感官呈现，多一种刺激，更多一种说服听众的可能。听涵宁介绍贝多芬，我仿佛与音乐大师跨越时空对话，获得无与伦比的美好经验。

29 把“他们”变成“我们的客户”

——为什么别说你、我、他？

在咖啡店偶遇Jacky，看他一副垂头丧气的样子，我问他怎么了？他说刚刚去向客户做一个产品的简报，看起来好像又失败了。

我向Jacky了解细节，他回答：“客户说，他们自己的问题，自己最了解。我们公司提供的意见，只能当作参考。”从这段话中可以明显感觉到客户与Jacky之间有很大的距离感，依照我过去的经验，一定是提案简报的说明出现了什么问题。因此拉着Jacky坐在身边，要他把我当成客户，演练一次简报给我听，让我可以对症下药，给他一些指导与建议。

“我们”与“你们”距离很远

因为刚刚结束简报，Jacky非常熟练地对着我再做了一次演示。他这次的提案有关一个工作流程管理系统，一开始就听到他说："根据先前调查的结果，相信我们家的产品，一定可以帮助你们公司解决现有的问题。让你们的工作更有效率，也让你们整体的工作流程更有效率。这个新软件的导入，将帮助你们的工作流程变得更顺畅。市场上有许多用过我们家产品的人，都对这项产品有很高的评价。也欢迎你们可以去问问他们……"Jacky滔滔不绝地说着，感觉很有信心的样子。

说完这一段后，我请他暂停一下。我好奇地问："为什么要说'我们家'？"

"哦！我们在公司里都这么说，代表我们对公司有强烈的认同感，所以称公司为'我们家'！"Jacky有点骄傲地回答。

"简报本身没什么问题，倒是代名词的使用出现了一些情况。"我把手上的咖啡一饮而尽，接着说："简报的过程中，一直用'我们家''你们''你'以及'他们'，这是有问题的！"

如果在提案中一直用类似的代名词，无形中会拉大提案者与听众之间的距离，这不利于达成提案目的。距离遥远，当然就不容易结案（完成销售目标）。

换个代名词，效果大不同

“那应该怎么做呢？”Jacky似懂非懂地问。

我告诉他：“我们把刚才那段内容修改一下，试着不用‘我、你、他’，改用‘我们、各位、大家、贵公司’，看看会不会有不一样的感受？”

“根据先前调查的结果，相信‘我们’的产品，一定可以帮助‘贵公司’解决现有的问题，让‘各位’的工作更有效率。这个新软件的导入，将帮助‘大家’的工作流程变得更顺畅。市场上有许多用过‘我们’产品的人，都对这项产品有很高的评价。也欢迎‘各位’去问问‘我们的客户’”。

听完之后，Jacky马上用力点头表示赞同：“真的?！这样说，距离感马上就不见了！”只要把“我、你、他”以“我们、各位、大家、贵公司”来取代，这样提案者与听众的距离感就近多了。当然，有些代名词的使用习惯也不是那么好改，需要多练习几次才能习惯成自然。

Jacky跟我道谢后，只见他嘴里念念有词地练习着“我们、各位、大家、贵公司”，边说边走出咖啡厅。

没过几天，我就收到Jacky的信息“谢谢老师！上次那个‘他们’，现在变成‘我们的客户’了！”现学现用，果然是超级业务啊！

【谢文宪老师讲评】

好的业务，不见得是好的简报者，但是好的简报者，一定是好的业务。

让客户觉得你跟他是同一条船上的人，这是比产品特色更吸引客户的无敌魅力。

30 简报的人生逆转

——看似没有技巧的高超技巧

一场平日下午的课程，平常到不能再平常，尽管我很少接半天的课程。没想到第一次休息过后，整个计算机死掉，上课12年来头一回发生这种事。

特别的一天

站在台上的我顿时紧张了起来，还好过去的磨炼算得上扎实，借了一台计算机，没让麻烦耽误太久。

那天的学员很出色，课程也很精彩，只是我给了自己不是太满意的分数，毕竟职业选手是不能够出错的。

原本以为是困窘的一天，没想到后面还有发展。

两个月后，有位学员打电话给我，说那天下午她也在，她想约我跟她的主管碰个面，聊聊公司的内部培训计划。那年我非常忙，与她约了某天下课后30分钟的空档。

一见面，珍问说："老师，您还记得我吗？"

职业的反应告诉我，一定要这样回答："那天课程很棒，学员都很投入，我感觉大家都很像。"其实是我分不太出来谁是谁。

初试啼声

仔细观察了一下珍，是个有阳刚味的女孩。短发、小个子，不说话时珍会被认成是打工学生，这也是许多人对珍的第一印象。或许就是这种反差，让她后来在我心中占据了不容取代的位置。

我去她们公司上了一堂简报技巧课，珍的表现不差，但因紧张、时间掌控不佳，没有达到我的标准。

一年后，珍想要转换职业方向，又报名参加了我们的课程。课程中珍的表现普通，相较于其他人，她甚至是最不起眼的。

但是课程结束，收到她预备上台演讲的PPT，让人眼睛为之一亮，仅是PPT就打败了至少一半的人。她还没真正出手，我们就感受到她深厚的功力。

演练共有两天，珍被分在第一天，我可以用"惊为天人”来形容她！有创意，有内涵，有学习效果，有实务经验，最重要的是有风格，这是我对她演讲后的整体评价。我们要她下周继续参加高一级别的演练。

决战第二场

珍二度上台，我没要求她更换题目，她却主动以全新题目应战。比起第一次，意外惊喜少了，但依然显示出功力深厚，可以察觉她对企划实务与实战的内功非常强，只是操作手法与上次雷同。全班只有她参加两次演练，综合评比后，我们颁给她第一名的荣誉。我想上课前，没有人料到她会脱颖而出，就算没有跌破眼镜，至少大家都是赞叹连连。

我总结珍成功的要素与决胜关键，可以分成这几部分。

1. 实务能力：她在广告业的时间长达15年，获各种奖项不胜枚举，与客户接触的时间长，很清楚知道何种提案会获得青睐。每一个她提及的案例都是亲身经历，说起来让人仿佛亲临现场，实证价值高，很有可信度。我也从她主管的口中得知，她参与的项目数量很多，不像部分哗众取宠的演讲者，只靠口才站上台，很容易被识破。

2. 外形与谈吐：老实说，“人不可貌相”这句话我也不是第一次听到，对于台上演讲者的服装和打扮，多少会有刻板印象。然而，真的这样穿或是长得好，就会有好表现吗？我开始调校自己的观察准则。

3. 挑战自己的决心：明明可以两次比赛都用同一个题目，她却选择用两个不同题目，尤其第二个题目难度高，证明她的确有资本。事后看来，第一次是打安全牌，第二次是她真正擅长的，这个题目也为她赢得许多讲课的机会。

4. 口才：我最后才提到口才，可见口才、教学技术、PPT或许都不是她真正决胜的关键。然而，我听她从容不迫地讲话，娓娓道来就像大师在讲课，让人轻松愉快专注于内容，更是大有收获。

就是因为看似没有技巧，才显出她拥有足够多的技巧，您学会了吗?

【王永福老师讲评】

我必须承认，一开始我并没有看好珍，但是她后来的表现，真的让我眼睛一亮。

其实别人一开始怎么看并不重要，重要的是你自己有没有把握住每次上台的机会，在台上达到最佳表现。不管过去经验有多少，技巧或口才有多好，一旦上场，一定要全力以赴，才能赢得尊敬！

31 麦克风在颤抖，依然赢得满堂喝彩

——跨越心理障碍，克服紧张情绪

身高超过一米九的男生，通常会给人什么印象？篮球高手？帅？让人有安全感？

玉树临风的演讲者

小朱，一位人人称羡的医生，身高超过一米九，在人群中一眼就能看到他。与他首次见面是在我的生日演讲会上，他的话不多，独自坐在角落里聆听演讲。

或许是年轻吧，羞涩与腼腆在他的脸上显露无遗。他说自己有舞台恐惧症，对于上台缺乏自信。我总以为，人若是长得高、帅、美，站在台上就是个亮点，先天优势再加上医生的专业背景，怎么可能缺乏自信？

后来小朱医生参加我的“说出影响力”课程决赛，勇夺第二名，接着又在我的“梦想实宪家”演讲活动中表现精彩，原

来缺乏自信只是个“幌子”。

于是，我鼓励他去参加TED × Taipei选拔，随后两次的表现，我才发现他说的居然是真的。

演讲过程中他手里的麦克风摇摇晃晃，显示了他的紧张。

TED × Taipei选拔决赛前一天，我邀请小朱医生先在我的培训课中试讲，现场350位观众无不报以热烈掌声，回荡许久。然而，过程中他频频回头看PPT，难掩高度的紧张不安。

在回程的路上，我跟他聊了20分钟，对谈中我感觉他的压力很大很大。

隔天在入围的20人中，他表现得极为优异，但坐在第三排的我发现，台上的他在发抖，TED的麦克风在他手中颤抖，明眼人都看得出来。

紧张教会我们的事

至于紧张这件事，从小朱医生的例子中，我想提出以下5个思考的角度。

1. 适度的紧张是避免志得意满的良方：身经百战如我，面对新场合会不会紧张呢？会的，一定会的，但紧张解决不了问题。如果能善用紧张的反应，让自己避免落入志得意满的险境，便是面对紧张的正确态度。

2. 为何而战：如果把TED、参赛、练习场当作练习演讲技巧的场所，那真的是大错特错。要想清楚自己来演讲的最终目的，对自己想做的事、认为对的事，要有强大的信念支持去执行并完成。

3. 故事为王：小朱医生在诠释演讲内容的时候，以身为医生与患者家属的双重立场，清楚描述自己所遇情况的纠葛，让原本可能很枯燥的演讲，也可以让人感动落泪。从“论理”或“故事”切入，方式不同，观众呼呼大睡或掌声如雷就只是一线之隔了。

4. 用声音表情取代逐字念稿：“心中无稿子，就是最好的稿子。”这是我常说的一句话，换王永福老师的话来说就是：“练到死，轻松打。”没有人上台演讲是背稿子的，就算一字不漏地背下来也不会精彩。我建议小朱医生发挥自己独有的声音魅力，只要稳定地说话，他的声音很吸引人、很耐听，有魅力的声音搭配故事叙事能力，无敌。

5. 超多的实战练习：上场实战练习前，小朱医生在家里的练习次数已经不知多少，但实际面对听众的感觉非常不同，听众会有表情、动作。上台面对观众试讲绝对是必要的。那几个月，我带着小朱与其他演讲者东奔西跑实战，是让他们表现得越来越好的关键。

你是否想要登上更大的舞台？挑战更重要的简报？面对极关键的客户？或是上台讲授一堂精彩课程？上述5个思考角度，希望能带来新的启发。

【王永福老师讲评】

发抖当然还是会发抖，但是发抖久了，也就习惯了。

如果你也是容易紧张的人，那么在上台之前你会为自己安排几次预演吗？提早面对紧张，甚至习惯紧张，让自己即使在紧张状态下都能有好表现，才是克服紧张的不二法门啊！

32 说自己走过的路

——善用“定格”与“停顿”

1082万次的转动

张修维，人称修修，整体来说，他的演讲很能引发共鸣，口才不错，故事的铺陈与流畅度极佳，小有瑕疵在我看来瑕不掩瑜。

后来到了“梦想实宪家”演讲平台，我邀请他担任演讲嘉宾，与另外三位演讲者一起谈谈旅行这件事。那三位演讲者拥有丰富的经验，海底旅行、职场中场旅行、南美奥运之旅，都是有话题的好素材。我为何会邀请修修来演讲呢？这就要提到他的新书《1082万次的转动》，他骑着自行车，完成横跨欧亚非三洲的壮举，全长25000公里，花了两年的时间。

30分钟的演讲，他分成三个段落叙述。距离新书出版还有一个月，他巧妙地不讲出太多新书内容，又能让大家对新书垂涎欲滴，确实是很上乘的营销。

先说一下修修的背景，他舍弃了高薪工程师的工作，跑到印度当业务，后来又把这份工作给辞掉。旁人看来都觉得有些可惜，但他一句话道出了许多人不愿说出的痛："我停在同一个地方，打同样的怪打太久了，虽然我的'金钱'数字越来越大，但是'经验值'却停止增加了，更糟的是'智力'和'体力'还呈现下滑趋势。"

不是吗？好多人听了他这句话，心有戚戚焉。

亲身经历＋善用技巧，打动人心

整场演讲有了旅游画面PPT的加持，让他100%发挥，然而他进步最多的是"定格技巧"与"停顿技巧"。

这两个我们在课堂上传授的技巧，修修运用在强烈亲身体验的单车之旅，配合幽默感，引发了观众共鸣的大爆发，将整场演讲推上更高的层次。

"我肚子好饿，想起昨晚买的苹果，背包里好像还有一颗，零度的高山气温，濒死的我，这仿佛是在大洋中抓住一条绳索，欣喜地拿出苹果，大口地咬下去，这是我这辈子吃过最好吃的苹果。"

中间停顿三秒钟。

“咬下第一口之后，手一松，苹果滑到地上，一面是红到发亮的皮，一面是咬过的苹果果肉，全都沾满了泥巴，在4000米山上沾满雨水的泥巴，我的心，从天堂跌入地狱。”

中间停顿三秒钟。

“不久，我听到一阵微弱的声音，‘小伙子，小伙子，要喝汤吗？’我往上一看，距离我大约30米高处，有一位老伯正在对我讲话。”

中间又停顿三秒钟，修修才接着叙述下去。

修修发挥了他精准的说故事手法，加上了我们教过的“定格”与“停顿”两大技巧，将他从香格里拉骑往旧西域丝路的途中几个生死交关的经典画面，通过独特的幽默感，描述得淋漓尽致。台下观众随着他的节奏，一步步感受这段惊险的历程，全场屏气凝神。

演讲博得满堂喝彩，更加深我对他的信任，陆续邀约他多场演讲，畅谈新书与更多单车旅游体验。

如果你问我：“演讲打动人心的技巧是什么？”

我会说：“说自己走过的路，最动人！”

【王永福老师讲评】

有一位记者曾经问我："什么样的故事最动人？"我回答："自己经历过的故事，真真实实，才真的动人！"因此，在持续追求各种说话表达能力的同时，你是否也该停下来想一想有没有扩展自己生命的广度与深度。唯有生活体验丰富，才能在讲台上有层次更丰富的呈现！

33 语文教师站上TED大舞台

——善用影像为表现加分

一位高中老师能不能站上TED × Taipei的大舞台，跟大家分享她的教育理念与实践呢？第一次听到余怀瑾老师谈她的故事时，我就知道她一定可以！

余老师是一位高中语文教师，与许多高中老师最大的差别是：她花了许多时间参加各种不同的进修课程，除了强化教学能力，也希望让学生可以从活泼的语文教学中，爱上语文、喜欢语文。

我亲身体验过，她将范仲淹的《岳阳楼记》配合图卡与视觉化教学，让学生开开心心地就记住文章，并体会到深远含义与古文之美。

但是，余老师想通过演讲表达的，是更深刻的主题。

一段动人的教学经验

曾经有几年的时间，余老师的班上有一位智力障碍的学生，由于反应跟不上一般同学，因此在求学的过程中经常受到其他同学的嘲弄或排挤。这位同学转到余老师班上后，尽管学习表现不太理想，但余老师并没有因此忽略他或放弃他，只是经常告诉他："慢慢来，我等你！"这样做了一次、两次、十次、每一次……经过一个学期之后，有一次余老师听到有同学对这位同学说："慢慢来，我等你！"这时候余老师才知道，她的身教逐渐影响到班上的学生。她想表达的是一段动人的故事，以及背后所代表的"温柔的等待，是最大的爱！"

故事本身很棒，余老师的亲身经历也真实感人，但是上台演讲时，就是会不顺畅。

我让她练习了几次，发现最大的问题出在PPT上。没有PPT时，余老师可以讲得非常流畅，但是一配上PPT，余老师就像是被PPT限制住了，绑手绑脚，很不自在。

余老师看着我说："我可以不用PPT吗？"我笑着回答："当然可以！"接下来我告诉她："你思考的重点不是要不要PPT，而是怎么让PPT帮你加分？"

像余老师这样表达能力极佳、较感性的演讲者，本来就有能力把一段故事说得很好，就如同一个好演员，不需要布景或道具，也能把剧情演得活灵活现。这种类型的演讲者经常在配上PPT说话时，会因为需要等待PPT页面出现，或是忘了切换页面而让表现逊色不少。一旦拿掉PPT，他们反而恢复原本精彩的表现。

用视频给演讲加分

不用视频当然简单，但重点应该是要进一步去想："怎么运用视频给演讲加分？"

在几次演讲练习中，我注意到余老师提到一段小故事，描述她的女儿学走路的场景。由于女儿在肢体协调上遇到一些问题，所以练习了好久好久才学会走路。身为母亲的余老师，总是耐心地在旁边鼓励，对女儿说："慢慢来，我等你！"

我问余老师，是否有女儿学走路时的视频。"有！当初因为真的很辛苦，所以我们还特别录下来。"我点点头再问："有可能在这段故事出现时，不需要做过多描述，而是让听众看到画面吗？"余老师一听就懂，马上点头回应。

经历了三阶段的评选，余老师最终站上了TED × Taipei的舞台。当讲到女儿学走路的过程时，余老师没用太多言辞，只是按了一下PPT，银幕上呈现出她的宝贝女儿不断跌倒、又重新站起来的画面。不需要更多描述，每个人马上懂得父母的不舍，以及“慢慢来，我等你”这句话中包含的爱。

余老师在台上表现有多么动人，只要看过TED × Taipei的视频就会知道。

回到这里讨论的主题：不要被PPT或视频局限，而是要用它们来增强表现。每个人的讲述风格与表达方式都不太一样，重要的是选用符合自己风格的辅助媒体或方法，不多也不少地强化自己在台上的表现。这是上台演讲时要做好的一项功课！

【谢文宪老师讲评】

口才、热情、肢体、语调、外形、信念等是基本功，PPT、视频、道具等是刀剑。如何展现基本功、运用好刀剑，为自己每一场简报加分？清楚认识自己的优缺点是决胜关键。

34 创造深刻的记忆点

——“这么做，你就死定了！”

搭乘地铁时，宗翰想象着自己站在讲台上，开始演练即将登场的TED × Taipei演讲内容。“如果你这么做，你就死定了……”这个语气好像不够好，换个说法：“你就死，定，了！”不行，又太强烈了，不然换成：“你就死……定了！”

他喃喃自语，试着用不同的语调表达“死定了”这三个关键字。因为练习得太投入，他没有察觉其他乘客投来异样的眼神，并纷纷与他保持距离，“这家伙是怎么回事啊？”

再过几天，宗翰就要站上TED × Taipei的大舞台，传达正确的火场逃生方式。宗翰是一位专业的消防队员，进出火场灭火救人是他的工作。在过去的消防实务经历中，他注意到许多受困者原本有机会顺利逃生，但因为错误的逃生观念，反而让自己身陷险境，甚至命丧火场。因此他希望通过在TED × Taipei演讲的机会，向大众倡导什么才是正确的火场逃生方法。

扭转错误观念

在他一开始准备简报时，我好奇地问宗翰：“火场逃生的错误观念有哪些呢？”他很细心地告诉我，遇到浓烟时用湿毛巾捂住口鼻逃生，其实是错误的做法！（我听了吓一跳！以前都是这么教的。）因为浓烟可能表示是高温，这时穿越浓烟是极危险的事情。另外，在火灾时躲到浴室避难也是错的！（我又吓一跳！）因为浴室的门大部分是塑胶材质，无法抵挡火场的高温，很快就会融化，这时高温与浓烟就会灌入，让人无法逃生。此外，遇到浓烟时不往下逃而往上走，这个方法也是错的！（我已经连错三题了！）因为浓烟向上的速度，远远快过人跑动的速度，而在往上跑的过程中，避难者更有可能被浓烟呛昏。所以上述这些都是错误的观念。

宗翰接着告诉我，为了让大家方便记忆，他把正确的逃生观念，浓缩成八个字：“小火快逃，浓烟关门”。就是当火灾刚发生，若火势无法扑灭，但还可以逃生时，记得赶快先逃到安全处所，再打119通报消防专业人员来灭火。但是若已经看到浓烟涌现，表示外面可能有潜在的高温或大火。这时要记得把门关上，阻挡大火及浓烟窜入，替自己争取一些时间，等待消防人员的救援。

听到宗翰这么说，我觉得这些信息实在是太重要了。不过，如果单纯以讲述的方式来倡导，很多人只会觉得有道理，却不见得能够记住。因为这些内容听起来会有些教条，不容易给人留下深刻印象。我提醒宗翰，应该要想个办法，创造一些记忆点，让听众完全记住所听到的重要内容。

举手问答，创造记忆点

“创造记忆点？”可是，简报的内容都已经规划得差不多了，要怎么创造令人惊奇的记忆点呢？宗翰持续思考着。

到了TED登台的那一天，演讲才刚开始，宗翰就接连抛出三个问题，询问台下听众在三种模拟情境下，会做出什么决定?

“遇到火灾，会躲进浴室避难的人，请举一下手。”

“遇到火灾，不能往下跑时，会改为往上跑的，请举一下手。”

“遭遇浓烟，会用湿毛巾捂住口鼻逃生的，请举一下手。”

等到大家都举手表态后，宗翰缓缓地说出：“各位朋友，以上这三种情境，如果您都举手的话，那么你就……

死，定，了！”

台下听了一片哗然，大家都惊讶地张大眼睛。

“这些都是最致命的错误！”宗翰接着说。刚刚受到震撼教育的听众，当然全都聚精会神听着宗翰告诉大家什么是“小火快逃，浓烟关门”的救命做法。此时坐在电视机前看着TED转播的我，也为他的绝佳表现感到开心。Good job！

【谢文宪老师讲评】

一场好演讲，好到视频在网络上传来传去，连七十几岁的老爸都传给我，告诉我不可不知，证实宗翰成功创造了惊人的记忆点！

35 如何在选拔比赛中脱颖而出

——“自我介绍”与“机智问答”的关键

杰出店长选拔大赛

这次的“杰出店长选拔”是房地产业界高等级的比赛。我负责针对选拔活动中选手的口说能力进行训练，“自我介绍”与“机智问答”两项是重点，比例占全部分数的40%，是绝对关键的40%。选拔的评分项目还包括参选资料、创意经营、商圈精耕、神秘客服务、公益活动等，难度之高，服务业的朋友几乎都知道。

自我介绍怎么说

两分钟的自我介绍，与其让评审觉得感人肺腑，我认为倒不如让评审印象深刻。

例如有位学员洪启峰，他自我介绍的开场白是：“我家有三个兄弟，三个都在××公司服务。我家把所有的资源都压在这里了，对我们来说，××公司就是我们实现自我的地方。”

一开头就让人印象深刻。

我要求我辅导的学员们，当评审喊到自己的名字，开始自我介绍时，要先停顿两秒钟，看着评审、保持微笑，定场之后，再说出第一句话。话不要多，目标只有一个：“让评审忘记同组另外30位，只要记得您，不哗众取宠，先说结论，再说细节。”

这么做都收到不错的效果。

还有两位参赛者陈毓礼与许顺吉，他们有着高挑的身材、明亮的外形、阳光般的笑容。我鼓励他们多微笑，其实在大赛中，不紧张就先得分了。这两位很容易给评审平易近人、善良亲切的印象。

吸引人的外形、生动的肢体语言、迷人的语调，不可否认初次见面时，能够让人印象深刻。如果有此条件，当然应该善加利用；如果条件没那么好，还是有其他可以发挥的地方。

快问快答的机智反应

在短短7分钟的激烈竞赛中，扣掉自我介绍两分钟，如何让评审在5分钟之内认为你是一位有准备、有内涵、又机智的参赛者，我认为“实务经验”就是关键。

此外，参赛者常开玩笑，形容评审都是大魔王，刻意提出尖酸刻薄的问题，例如：“你们如果遇到秃头的客户，会如何介绍产品与服务？”这时除了考验参赛者的智能与幽默感，同时也在测试其面对问题的态度。

许多人问过我：“机智问答能训练吗？”一开始我也不确定，但4年下来，的确可归纳整理出一些基本原则。以下提供3点建议。

1. 分点陈述：当一个看似复杂的问题出现，在短时间之内完整陈述是不容易的。若先在大脑中针对回答的内容下两个小标，例如：“从政府的角度来看，我认为……”“从民众的角度来看，我认为……”，这样很容易让评审觉得参赛者准备充分，构思缜密，言简意赅，表达的内容也会清楚易懂。

2. 案例为王：杰出店长与大学教授、政府官员最大的不同是，他们每天都会遇到许多活生生的案例，这其实是一大优势。若能在短短5分钟之内，用两个简单案例来回答重点问题或比较偏激的题目，肯定能给评审留下深刻印象。

3. 评审也是人：我经常担任大赛评审，有时评审会问到没有问题可以问，或者觉得下午时段很枯燥，进行到尾声时也不免有些疲惫。这时候，参赛者如果能让评审发现你的幽默感无敌，亲切温暖，游刃有余，绝对会眼睛为之一亮，打下漂亮的分数。

【王永福老师讲评】

关于自我介绍或是机智问答，最基本且最重要的问题是：你有没有做过考前猜题与考前练习？

不仅在杰出店长选拔赛中需要自我介绍，学校面试、工作面试，还有很多场合也都需要。你有没有认真练习过，在精准的时间内完成一段令人印象深刻的自我介绍呢？

考前猜题，虽然不一定能完全命中，但是有练习一定比没练习好。记得花点时间，猜题一下，练习一下！

36 拯救无趣的演讲、简报与授课

——如何让理解的过程更顺畅?

有幸与王永福老师一起受邀参加日本“经营之圣”稻盛和夫先生的演讲。

一场大型演讲的感悟

然而，包括我在内，同一排还有几位朋友都是在半梦半醒中度过那个下午的。

这次之后，我更加理解一场无趣演讲带来的副作用。稻盛和夫先生八十多岁，全程照稿念没什么问题，他是日本“经营之圣”，无论有没有听懂内容，都应该鼓掌致意。

但我觉得匪夷所思的是，走出会场时工作人员发给每人一本演讲稿，“一模一样，一字不漏”。

我不禁疑惑：“为何不一进场就先发给我，或许我可以直接配合着演讲阅读。”我真的是这样想的。

回到职场中的简报场合，是否也曾出现类似的场景呢？

业务总结会上，上面讲得口沫横飞，底下低头玩手机、交头接耳，甚至还有人打电话。演讲者发现台下没人认真听，于是照稿念的也大有人在，形成了恶性循环。每次总结会都变成浪费时间，我就更想拿回时间的主导权。

企业内部的培训也时常如此，内容艰涩就罢了，请来的老师不但不懂得教学手法，还直接照讲义念，学员不免内心疑惑：“我是不会自己看吗？”或是把PPT直接当成文字板，密密麻麻的内容让人看得眼花缭乱。

四种类型的讲师

我长年在企业内部授课，把讲师分成两种：饿死与累死。或许大家觉得这是在开玩笑，其实是真的。

此外，根据解说的能力，还可以再分成四种类型。

1. 把复杂的说得更加复杂

2. 把简单的说得更加简单

3. 把简单的说得很复杂

4. 把复杂的说得很简单

其实，只有第四种才是合格的讲师。无论是大型演讲、总结会或是企业内部的培训，都必须把复杂的问题说得很简单，此时手法、工具、口才、化繁为简单的能力就很重要。无论是电梯简报、化复杂为口诀、肢体和语调的精准呈现，都是我们每天在教室里面对学员时的讲解要点。

化繁为简的方法

以简单精要的方式说明，化简为繁主要有四个方法。

1. 故事与记忆点：人类对于故事的记忆点，不管是在结构或画面上，通常比道理或平铺直叙的记忆强得多。一个好故事胜过千言万语，用说故事代替说道理是你可以进步的第一个方法。

2. 先说结论：职场的步调日益飞快，没有人喜欢听别人绕圈子，无论是向上汇报或是平级沟通，先说结论是你可以马上精进的方法。

3. 精准的数字：谈话的过程中，若有一两个精准的数字出现，可以明确凸显重点，例如：本公司去年有“很高的增长”与“13.2%的增长”，哪个说明比较能聚焦与切中要点？

4. 图示化的PPT：根据我的经验，许多政府、组织、学校的教学与演讲场合中，还是会看到很多复杂难懂的PPT。

回到开头的例子，八十多岁高龄的稻盛和夫先生的演讲展现出他的高度诚意，对听众也非常贴心。如果主办单位愿意多花一点心思，准备50张左右的照片，搭配简洁的文字，做成更多以大字流、全图像、半图半文字呈现的PPT，我相信效果一定会是原来演讲的好几倍。

例如，稻盛和夫先生一开始说：“我毕业于鹿儿岛的××小学。”这时投影银幕上就出现该小学的照片，尽管听着日文演说，具体画面却可以帮助现场3000位观众快速进入演讲的内容与情境。

逐字的讲稿都有了，画面与投影片的结合能带来更佳效果，绝对值得再投入一些时间与功夫。

套一句王永福老师的话：“PPT越好，理解时间越少。”用我的话来说：“PPT就是化繁为简的重要工具。”若再配上好口才，一定能更上一层楼。

【王永福老师讲评】

单纯只看演讲本身，稻盛和夫先生照着稿子一字不漏地念完，结束再分发已印好的讲稿……，也难怪我在演讲的过程中，看到不少人进入神游状态。

其实也有很多人盛赞这场演讲精彩，我只想问：“如果今天念稿的人不是稻盛和夫先生，还会让人觉得精彩吗？”也许这个问题可以让我们思考一下，令人感动的是演讲本身，还是演讲者本人？

也许当人生历练到一种境界，也就不需要什么演讲技巧了，不过在那之前，我们还是得好好地修炼，让自己说话更有重点，才更能发挥影响力！

---

37 真实的课后意见反馈表

——十等还是五等，问卷量表怎么用？

刚结束一个公开班，课程结束的那天晚上，我就收到助理小钰整理好的课后意见反馈表。

五等量表比十等量表好

满分为10分的问卷，大部分学员都勾选10分，也有几张选了9分，零星几份圈选了7~8分不等，几位老师的平均分数，介于9.1~9.8分之间，如果以满分10分来看，应该是很不错的成绩。但我对这个结果不太满意，告诉小钰下次要调整满意度问卷的评量尺度，由十等量表改成五等量表。

“为什么要改呢？”小钰有点不解地问我。

“课后问卷的目的是什么？”我回问她。

“当然是通过问卷调查，了解听众或学员对课程的满意度啊？”

“那知道满意度之后呢？”

小钰很快地回答我："当成下一次改进的依据！"——答案完全正确。

"如果调查的分数失准，你觉得有效吗？"我知道这么说，她可能无法完全理解我的想法，所以接着补充几个例子，让小钰更清楚什么是调查失准。

我问小钰："假设有一天，要我们去当古典乐曲的评审。在这种情况下，你觉得我们有没有可能针对不同的古典乐曲做出准确的评分呢？"

小钰摇摇头，有点不好意思地说："我大概只能说好听或不好听，评分的话……应该没办法。"其实不仅是她，连我也没办法，因为这不是我平常接触的专业。

"那一篇文章呢？如果要我们对一篇文章的好坏来评分，有办法吗？"

小钰点点头，因为虽然不是专家，但一篇文章写得好不好，我们大致上能够判断，例如，文句是否通顺？结构有没有逻辑？内容充不充实？情感够不够真诚动人？我们从阅读的训练与经验中累积了足够的评估标准，有能力可以分辨得出一篇文章是写很糟、不好、普通、好或是非常好。

如何避免调查失准

“所以，我们越熟悉一个主题，才越能够仔细地做出精确的评估与评分。”像古典音乐这个领域，一般人大概只能说出“好听／不好听／没意见”三个等级。如果是比较大众的主题，像是一篇文章写得如何，或是一个课程教得好不好，一般人应该可以再区分出“很好／好／不好／很不好/没意见”几个等级。

评估的等级越多，或者是评估者对相关主题具备专业素养，可以区分出极为细微的差别，再或者是有标准答案，比如十个题目中答对了五题，在这种情形下，才能用十分等级或更高等级的评分模式。

我告诉小钰，课程好不好这样的感受评价，还是以五等量的问卷来评量才能得到更真实的意见反馈。虽然关于量表的设计还可以做更深入的学术探讨，但如果是一般课程调查的运用，相信通过上述说明应该就能理解。

小钰点头表示了解，我接着说：“当然量表的分数只是用来参考，还要进一步搜集具体真实的意见，才能够有更好的改进依据。”

【谢文宪老师讲评】

本书叙述的故事都是真实的，当然包含本篇。

别再说念书无用了，这个评分量表的研究方法就实际应用在了日常工作中。

第四章

激发你的无穷潜力

38 精益求精，提升演讲的技术

——观察、记录、不批评

永庆是公司安全卫生主管，平常有许多机会站在台前对同事倡导安全知识及注意事项。过去的他，总是习惯把一大堆条例或规定贴在PPT上，不管台下听众吸收得如何，只要讲完就好了。经过一阵子对简报技巧的学习及修炼，现在他站在台上简直变了一个人！不仅表达技巧突飞猛进，PPT也越做越好。每次简报结束，总是得到听众赞许与赞美的眼神，大家都觉得“实在太厉害了！讲得真好！”

但这些并不是他最想听的，他希望能得到听众真实的反馈，看看还有什么要改进的地方，哪些他做得不够好，未来可以再加强。但是每次他问同事，同事都只是笑着说：“你真的已经很厉害了，没有什么要改的啊！”面对这样的回答，他除了感谢，也不知道该说什么。到底要怎么做才能让自己更进步呢？带着这样的疑问，他来问我的看法。

简报精进三步骤

“你要能够看清楚自己，才有办法不带批判的眼光，达到更好的表现。”面对这么浓缩的一句话，永庆摇摇头表示不大理解。

“就以你目前的工作为例，如何让工厂的作业流程改善得更安全呢？”我问他。

面对自己熟悉的主题，永庆很有把握地说：“就是检讨每个流程环节，看看哪些地方可能有潜在问题，找出来之后，用更好的方法或流程取代。”

我点头并继续问：“那是不是改善一次后，就没问题了？”永庆马上回答：“当然不是，这件事要持续追踪，持续改善。一直做，才会越做越好，越改越优。”

我回问他，如果把这样的态度套用在演讲技术或简报的改善上呢？我建议采取类似的三个做法。

1. 观察表现

先观察自己表现得如何，才知道哪里需要改善。一开始可以考虑把自己演讲的表现录音或录像下来，事后观看会发现更多的细节问题。例如在台上无意识的小动作，事后回看便能明显察觉。当然，如果有可以信任的伙伴或教练，以第三者的角度来观察，也许会更有收获。

当经验更丰富、压力没那么大时，就可以同步留意自己在台上的表现，提醒自己记下每个段落用了多少时间，分配是否妥当。还可以注意观众对于重要部分的反应是否符合预期。

不论是自己观察、第三者观察或是利用工具记录，唯有面对自己的真实表现，才能找到改进的依据。

2. 记录表现

“再淡的墨水都比记忆深刻。”如果有可能，在上台的当天，最晚隔天，回想一下自己的表现，并且记录下来。我的习惯是：先给一句总评，为自己的表现打个成绩；接下来记录做得好的地方，以及什么地方可以做得更好。如果要再仔细一点，可以记录每个段落的重点，花了多少时间，听众的反应如何。一面回想一面记录，未必要很有系统，主要是可以当作未来演讲的一个参考。

等到下一次演讲之前，回头看一下相关记录，马上能回想起之前的情况，并基于先前的经验，持续改善。

3. 不带批评，让自己更好

这是最重要的一点！有些人会带着批判的态度来面对自己或别人的反馈要求，“你的问题是……”“这次有几个缺点……”“这次在哪些地方做得不好……”。但也有许多人无法或不愿指出他人的问题或缺点，毕竟没有人喜欢当坏人，只要说“好棒！”铁定不会尴尬。即使由自己来进行事后反馈，内心不免也会闪过念头：“我已经很认真准备了，为何这么严格啊？”

其实只要把心态调整好，了解这么做的目的不是为了批评，而是为了让自己下一次表现得更好，就能够坦然客观地面对。每个人都还有下一次上台演讲的机会，对于表现好的地方给予鼓励，并找出可以继续进步的空间，下一次试着修正它。不是要批评自己或别人，而是通过这样的检核与思考，不断自我成长。正面的态度可以避免事后检讨的负面情绪，反而会期待借由反馈，让未来表现得更好。

通过这样的说明，相信永庆能了解持续检讨、改善的概念与做法。也许每一次上台时，身边不见得会有老师或教练提点，但是如果能够有意识地观察与记录，而且是以不带批评的目光，就能达到精益求精的目的。随着上台演讲经验的累积，一定能表现得越来越好。从永庆提出这个问题的积极心态，我相信他一定做得到！

【谢文宪老师讲评】

“不错，就是‘不’，加上‘错’。”在公司，一旦位高权重，没有人会说你的简报有问题，往往只会听到：“您的简报真是精彩极了。”但私底下却批评不已。

39 打开新视界，看到新世界

——角色互换的“教、学”体验

当初看到琦恩的报名资料时，只是觉得好奇：“潜水教练为什么需要来上简报课？”后来才知道，他可不是一般的潜水教练，他是华人少数拥有PADI顶级潜水证照——白金课程的总监，也是CASIO（卡西欧）潜水表的年度代言人。他演讲时，口语表达极佳，PPT制作精美，一看就知道是经常上台说话的人。进一步询问后，发现他已经当潜水教练17年了，教过2000名以上的学生。这么有经验的教练，为什么还需要来上课呢？

上岸学习教学技巧

“我想进入新世界，打开新视界。”琦恩说。原来他在长期的潜水教练生涯中，已经熟练到了不管是哪一种潜水课程，从最初级的开放水域潜水执照，到高级的潜水教练认证课程，他都不需要再备课就能教完相关课程。虽然学生都给予不错的评价，但他总是想着：“除了这样，还有其他的可能性吗？”带着这样的想法，琦恩来到我们的教室。

真正让琦恩惊讶的其实倒不是课程本身，而是有一群努力向上的学习同好，包含了各领域的朋友，如医生、工程师、企业主管、创业者等等。大家明明水平都很高了，但仍然持续不断进修，希望进一步提升自身能力。在课堂上每个人都非常低调谦虚，上台之后就是火力全开，热力四射。这些来自不同领域的伙伴，让琦恩眼界大开。

下海学习潜水技术

其实不仅是课程影响了琦恩，我自己也深受琦恩的影响。在听了几场关于潜水与海洋的简报后，我决定请他教我潜水，并报名考潜水执照的课程。（简报的核心是说服，从这个角度来看，琦恩的简报效果卓越！）

于是，我们两人身份互换，教练变学生，学生变教练。我又重新用学生的角度，来看教练教学技巧的展现。面对深水及海洋，我与其他学员完全不知道接下来会发生什么事，甚至会有点担心。琦恩一开始就告诉学员当天的学习目标，让我们能安心地吸收。接下来学习的每一个动作，例如设备组装、面镜排水、水下问题排除等，他都先清楚地解释每一个动作细节（说给你听），然后示范（做给你看），最后再请我们实际操作一次（让你做做看）。这些我们在课堂上指导过的教学技巧，运用在潜水教学上也收到同等的好效果，一点违和感都没有。

在泳池学完所有的技巧后，我们换到真实的场地——大海！在真正的汪洋大海中再次练习所有的动作，这时琦恩展现了好教练（以及好讲师）都会有的特质：在安全无虞的状态下，让学生放手去做，甚至尝试错误，最后再检讨修正。在他的带领下，我们慢慢地将技巧内化，可以不用手忙脚乱，而能轻松享受潜水的乐趣。看着从口中吐出的水泡一颗颗聚集在一起然后慢慢上浮，与身边悠游的热带鱼一同徜徉大海，这时才发现我进入到一个新的世界，打开了一个新的视界。

【谢文宪老师讲评】

我第一次看见琦恩演讲时，他称自己为“石化人”，在台上肢体僵硬，表情凝重，跟我们在水中学潜水差不多。

然而琦恩带给我的最大心得是：“同行不是冤家，异业可以为师，好老师一定是位好学生。”我们期盼大家“在陌生领域学习谦虚，在专长领域学习绽放”，那么我们一定可以不断复制成功经验，海陆都能游刃有余。

---

40 双脚跑出世界，开口赢得世界

——善用个人特色，发挥无限感染力

在你的心目中，一场好的演讲有哪些特征？流畅的肢体语言，动人的语调，吸引目光的投影片，充实的内容，坚定的信念，还有亲切的微笑与自然的表情？胡杰，他都有了。

跑出全世界的男人

胡杰是跑步跑出名的男人，跑出影响力的跑者。胡杰演讲传递的跑步氛围是职场与快乐，欢笑与人生，以及你我都可以感到的共鸣点。

一个初春的晚上，胡杰与另外两位演讲者抵达现场，准备稍后的演讲。眼见其他两位演讲者开始与观众握手寒暄，胡杰显得低调许多。我招呼了他，请他坐在我旁边，他淡淡地问了我一句：“老师，时间多长？”

“40分钟，你自由发挥，轻松就好。”

胡杰：“我最会的就是放轻松。”

“哈哈哈！”

演讲开始，胡杰的脚始终停不下来，他的膝盖好像装了弹簧般轻盈，时而蹲下，时而上跳，一派轻松的样子，我心想：“这样演讲，可能讲不了太长的时间吧？”

没多久，他额头上都是汗水，吹得又高、发胶又多的头发有几根已经开始飘散，这样浑身是劲的演讲，让现场气氛热烈到顶点，让观众时而宁静、时而大笑是他演讲的特色。

PPT很精彩是毋庸置疑的，不过他还是时常回头看，甚至偶尔忘记PPT的内容、按错页、跳太快，或是忘了按下一页，但你完全不会用一般标准去衡量他的简报或演讲，因为他的特色决定了一切。

跑步与演讲的特色在哪里

如果以一般演讲标准来衡量他，无疑是对他最大的讽刺。若用歌手来比喻，他铁定是一位与众不同的歌手，而且他的专辑也一定会热卖。

想到跑步，你会想到什么？

争夺奖牌？一定要跑完计划的步数？累死人不偿命？一种

无聊的运动？孤独又寂寞的自我挑战？拼死拼活跑赢别人？团队竞赛？就是要比谁跑得快？

胡杰创办的“街头路跑”，宗旨刚好相反，你只要跑得比乌龟快一点就好，不比快只比慢。每周一次带着大家用手机软件，跑出一个有趣的**Nike app**地图图形，并且号召许多上班族跑步爱好者，用一个晚上的时光与其他爱好者一起跑步，手持棒棒糖，发给路上的陌生人，分享欢乐，传递爱。

或许你会问：“这跟他的演讲有何关联？”

跑步之前，胡杰都会事先探勘路线，每一条线路他都亲自跑过，他是整个活动背后的推动者与执行者，而他演讲的特色正在于，他可以轻松说出每条路线当天发生的大小事，包括感人的点滴故事。

“这一条是彩票投注站最多的路”“这一条路是超人图形”“这一条路是生日蛋糕”“这一条路是中秋节的玉兔”。

一整晚的演讲充满共鸣、欢笑、疗愈和释放。演讲结束，台下报以热烈掌声，我上台收尾主持时，泪水夺眶而出。

众人都在笑，为何我独哭？

胡杰说：“谢谢大家。”就在这一刻，我的眼泪止不住流淌而下，脑海中闪过一个念头：“为何他的演讲如此感人？”

“我们到底靠什么东西打动人心？”

华丽的**PPT**？有趣的互动设计？笑话、表情、动作、语调？好像是，也好像不是。

回家的路上我不断回放当晚的演讲画面，我想我找到了答案：“我在胡杰身上看见了自己，一种对演讲全力以赴、忘我投入的自己。”

我是被自己感动了。

当我上台收尾致辞时，透过泪水，我看见他飘散的头发，满脸的汗水，绽放的笑容，生动的表情；欣赏着他不按牌理出牌的演讲风格，亲身经历的故事，打动人心的共鸣。他说出了职场工作者点点滴滴的辛酸与苦楚，那些日积月累急需寻找缺口的无奈情绪，全都在他的街头路跑演讲中找到了出口。

你问我那是什么？

无限的感染力吧！

经过生命淬炼后的40分钟演讲，无敌！

个人特色，无敌！

你是谁，比你说什么，更重要！

只有亲自跑过，才能说得动人。

【王永福老师讲评】

那是一种极致的投入，已经不是单纯的演讲或简报，而是以燃烧自己的态度，去感动身边的每一个人。他不是在做一场演讲，他是真心想要让你爱上街头路跑，真心希望你能够受到感动，跟着他一起跑！

如果你对自己所分享的主题也能达到如此确信、如此热情的境界，那么台下听众一定会被你感动的！

41 从“素人”到台上的一颗星

——发挥天赋，传播温度，绽放光芒

一句“洪荒之力”“蓝瘦香菇”都会爆红，网络时代还有什么事情不可能?

“素人”，无远弗届

“素人”就是指平常人，普通人。今天，“素人”脱口而出的一句话，也很容易成为流行语，这是否象征着在网络世界“真诚”才是王道?许多爆红的直播平台，也都是素人当道，用浅显易懂的语言，展现小老百姓真挚、不假修饰的日常生活感受。

但这绝对跟随便说说不太一样，而是言之有物，自然展现自我，真诚、有内涵，这些都让我想到“仙女老师”。

余怀瑾老师，高中语文教师，人称“仙女老师”，她的教学能量与热情，已获得高度认可。

点亮讲台的一颗星

我第一次看到“仙女老师”的简报，比起其他人，她的PPT算是普通，但丝毫不减损她的威力与影响力。她用简单的形式搭配一段视频，再以时而温柔、时而强悍的语言，让观众对她留下深刻印象。

当天我就鼓励她，参加TED × Taipei的公开选拔。

后来，我发现“仙女老师”属于舞台上的比赛型选手，要她比赛前交作业、录音、PPT，时常看到还不够到位的作品，但是只要她一上台，整个人顿时亮了起来。她到底有何种舞台魅力?

1. 服装：“吸睛”的服装，明亮的颜色，搭配短裙、高跟鞋、美妆，辅以亲切的笑容，还没上台就已经是全场最大亮点。

2. 表情：脸部表情非常生动，肢体动作自然活泼，非刻意模仿或是演练出来的，让全场观众一看就着迷。

3. 语言：通俗的日常语言，就像与好朋友谈话一般，但是关键的金句与重点内容又能诠释得丝丝入扣，这或许与她高中语文教师的专业背景有关。有时她甚至出人意料冒出一些粗话，也能取得意外的效果。

4. 功力：开场的“Why me”非常强，获奖无数的高中语文教师身份，凝聚出一股超强气势，就算忘词也依然自然表现，就算记不得PPT内容也毫不慌乱，她总是能够借力使力，浑然天成。

5. 温度：“仙女老师”是一个“有温度的人”，爽朗正直，有内涵，还很会自我调侃，台上光芒万丈，台下低调谦虚，很受人欢迎。认识她的人都会觉得“仙女老师”名不虚传。

“天仙下凡”，还可以更上一层楼。

我跟“仙女老师”同台算算也有五次，她五次的表现都很好，而且有越来越好的趋势。每当她开始讲起与古文有关的内容，听众不但没有睡着，还全部“活”了起来，她的演讲简直是古文教学的“解药”。

这样“天仙下凡”等级的演讲者，还有什么需要改进的地方吗？我会给她三个小小建议。

1. 轻松，还可以放得更轻松。“大巧不工，重剑无锋”，不是不要准备，而是从演讲结果开始回推到之前的准备，过程中都要放轻松。

2. 忘掉奖项，就会得到更多奖项。

3. 无论在高中校园或是企业，都有发光发热的机会。只要适当调整战场与舞台，谁敢说不能登上更高、更美的殿堂呢？

【王永福老师讲评】

第一次鼓励“仙女老师”挑战TED × Taipei舞台时，她自己一直说：“不可能，不可能，我只是一个平凡的高中老师……”没想到这位自称平凡的高中老师，最后不仅登上TED × Taipei的舞台，还获得当天持续最久的热烈掌声。

每个人都是不平凡的，每个人都有动人的故事，只看我们怎么表达，怎么让自己的动人故事也感动其他人！

42 面对千人演讲，掌握幸运人生

——麦克风加上信念的威力

她还没来上课之前，我早已久仰大名，进来那一刻，才发现她的与众不同。

来上课的网络神人

我对她的第一印象是：独树一格的个人风格，看一眼就不会忘记，她是Xdite，郑伊廷。她的丰功伟业，只要上网搜搜就可以知道。莫拉克风灾时，她写出整合救灾支持的系统软件，有效推动了救灾行动。“她看书，三秒钟看一页，翻书比翻脸还快。”虽然是一句笑话，但她用平板看电子书，一目十行，过目不忘。她自有一套独特的阅读方法，能记住关键字与段落大意，的确是高手中的高手。

她在网络上有许多不同的评价，让我对她不免有些好奇。一个有品牌的网络大神，司空见惯，但是她要来跟我学说话与授课技巧，该不该收这位学员呢？

其实我只考虑三秒钟就答应了，原因无他，只要是挑战，我都愿意接受。

麦克风要传达什么

听Xdite的课前录音，发现她是一个很有想法与观点的人，陈述时的论点很清晰，但是架构稍嫌松散，语调的强弱不明，情感的投入稍嫌不足。我在记事本上写下："针对分点陈述与情感表达给予指导，保留个人特色，不需要大幅调整，有潜力更上一层楼。"

在课程当天，她很积极投入小组讨论，不时与他人互动，并且乐于贡献自己的意见。整体来说，她是一位谦虚、学习意愿高的学生。

她也提出问题："老师，我说话一团乱，论述节奏有问题，有办法解决吗？"

"你先运用一个事件加上两个看法的'1+2法则'，并适当加入个人经验与案例，现场演讲就可以很精彩了。"

后来参加演讲比赛，她用自己的免持麦克风与扩音系统，展现出强烈的求胜心。最终，她拿到了令自己意外的好成绩。看到她的进步，我真心为她感到高兴。

麦克风加上信念，可以改变很多。然而，大多数人想拥有麦克风，却缺少要传递的信念。Xdite刚好相反，技巧不足有方法可以克服，而信念不是三天两天就能够培养出来的。

大舞台来了

Xdite受邀参加了第六届“做自己论坛”千人演讲，我看到她更大的改变。演讲中，她谈到如何掌握幸运人生，千人现场鼓掌三轮。

Xdite认为这场演讲成功的原因就在于18分钟的演讲她只讲了两个重点，而且破题如剪刀、结尾如棒槌。经过她的同意，在此分享她的登上大舞台的准备方式。

1. 认真准备演讲内容与制作PPT。

2. 依照老师的建议，再三调整演讲结构。

3. 找班上同学当听众，把演讲练到18分钟正负20秒，再针对爆点修饰调整。

4. 带着iPad持续练习。

5. 观察现场其他演讲者的共同问题，自己再予以修正，并且避免。

6. 重金请发型师协助打理发型。

由此可以看出，Xdite的持续练习以及对准演讲目标的决心十分强烈。当然除了技术层面以外，我认为她真正脱颖而出，并有好表现的关键，仍是她独一无二的观点，以及独树一格的说话方式。当观点够强大，风格够独特时，技术就是帮助她登上最高峰的一股助力了。

【王永福老师讲评】

除了“特立独行，活出自我”的特色外，很少人注意到Xdite会很有策略地把事情做到顶尖！她参加任何比赛，在一开始就分析清楚，哪些重点是比赛决胜的核心？现场有什么限制？要掌握哪些关键？最后靠着天分、努力，以及有策略地投入，拿到冠军。

如果你在某些领域已经极有天分，你是否也会像Xdite一样，花时间改善自己的口语表达能力呢？当机会出现时，让自己一切准备就绪，上场就击出全垒打！

43 通过麦克风，让社会更美好

——发挥口说魅力，利他又利己

模仿是第一堂课

郑小美是男性，小美是外号。

就是这么一个三十出头的年轻人，让我非常崇拜。我做不到的事，有人能够做到，就值得我崇拜。

郑小美到底做了什么事呢?

无论刮风下雨或是工作忙碌的高峰期，他每天晚上坚持跑步至少五公里，连续五年，不曾间断。这让他维持身材得宜、体力充沛。

此外，他安排的客户拜访量十分惊人，每天都在客户的办公大楼、教室、地铁、出租车与自己的办公室之间来回奔波。我看到他，就像看到年轻时的自己。

我们时常相处，他把我的课程要点、铺陈节奏、气氛掌控、授课技巧观察得鞭辟入里，对整体授课模仿得惟妙惟肖。

我常跟学员说，口说能力的第一堂课就是模仿。

不妨观察影视、戏剧中偶像的说话方式，或是在生活、工作环境中锁定一个自己欣赏且能够学习的对象，就从模仿开始。模仿之前可以先分析一下，为何这个人物说话能够引起共鸣，或是笑点满满，然后开始揣摩并仿效对方。

我上高中的时候，十分着迷各种运动与球赛。晚上睡觉前，会躲在被窝里模仿体育主播转播实况时的说话方式。这种模仿练习不但让我学会控制说话的节奏，也由此诞生了我人生的第一个梦想——成为新闻主播。

虽然大学语文考得不理想，但也从未抹杀我对上台说话的强烈渴望。

找到自己的风格是第二堂课

模仿久了，终究只是模仿，“你是谁，永远比你说什么更重要。”想找到属于自己的说话风格，就必须大量练习，并累积足够的失败经验，而且懂得从中获得收益。

郑小美若是时常模仿我，很容易被一眼看出来。根据我从旁观察，他有自己的想法，对于许多议题能够提出观点。有一回我在电台节目中访问他，他分析了培训讲师的四种类型，并以四个象限来阐述，就很有独创性。

现在郑小美开始做一些演讲，上台表达自己的看法与观点。我始终认为，演讲本身没有什么太伟大的技巧，技巧可以通过学习与练习获得，重点是对特定议题要有独到见解，有心站出来发声，找到适合的舞台与观众，如此人人都能做好一场演讲，并发挥无远弗届的影响力，结合麦克风与信念，通过演讲将能让我们的社会更美好。

衷心期望更多像郑小美一样有想法与理想的人，多多展现自己的口说魅力，达成利他也能利己的终极目标。

【王永福老师讲评】

很多人常会给年轻人贴标签，“年轻人就是……”你愿意被贴上标签吗？还是你会用自己的表现把标签撕掉？

从模仿到创新、从台下到台上、从听众到演讲者，小美一直用他自己的表现，撕掉所有对年轻人既定的印象标签。年轻，可以很优秀！只要够自律、够努力。相信他可以，你也可以！

44 “大咖”变身术

——不再“讲很多”，而是“做更多”

一山还有一山高

有些称谓听听就好，大神、神人、大师、天王、金牌……，千万不要太当真，越是当真，越容易陷入相互比较的深渊。

在某次讲师培训课程后的示范教学赛中，我评定Peter为B级讲师。他一直耿耿于怀，甚至事后多次找我讨论评价的理由。此时的他，授课经验丰富，在民间机构、政府单位、学校，早已摘满星星，自得其乐。

“老师，我知道我不够好，您可以讲更明确一点吗？”

我看着他说：“节奏、节奏、节奏。”后面的补充可能让他无法接受。

“所谓的B级是一种相对值，把你放到高级课程中，就是B这样的等级；但如果放在学校、社团的训练课程中，可能就是黄金等级。这是一种相对值，你千万不要介意。”

Peter懂了，然后一段时间没有联络，我以为我们之间可以讲真话。

真心话大考验

隔了一阵子，Peter拨电话给我，那通电话我们谈了近一个小时，我告诉他几件事。

1. 你的演讲时间太长，课程操作手法过于单一，长时间的讲课容易让听众睡着。

2. 过程中缺乏互动，可以尝试运用举手法、问答法、竞赛法、视频法等。

3. 小组中人数过多，有人会“搭便车”（没参与讨论也无所谓），你没发现吗？

4. 没有使用任何一样道具或是教具，手法过于单调，陷入只有讲授法的无底洞。

5. 视频水平显而易见，就不用多说了。

士别三日，刮目相看

我规划了一场五位讲师合体的课程，其中一位便是

Peter。他欣喜若狂，我说：“压力才刚刚开始。”

上课那一天，我完全不担心其他几位讲师，我只担心Peter。我全程坐在后面观看他的演讲，自我介绍Why me虽然有些冷，不过不失为一个好方法，时间不长，勉强过关。

他最大的进步就是：操作现场互动了。

走位、指令、手势、加分的方式、与学员的交流等，都是A级表现。尤其是他无人能敌的专业，台下学员的任何一个答案，他都能讲出哪里对、哪里错，并能充分说明理由，言之有物，这一点表现令人佩服。

眼神搭配走位的移动，让现场互动的操作十分流畅，显见他这段时间的努力。他给每一位学员一个代号，不仅在移动座位时简单迅速，也能有效掌握课程进行的步调与节奏，让每组6位学员人人全力投入，没有机会“搭便车”，这一点调整得非常到位。

至于视频当然还有改善空间，不过瑕不掩瑜了，另外两位讲师也提供建议：“可以将音乐换成快节奏的旋律以符合现场气氛。”他承诺下次改善。

我最后提醒Peter：“教学的内容还是太多，当你学会舍去，将注意力放在重要的事情上，也就更接近A级‘大咖’了，千万别被虚幻的名称束缚住，你就是你，做最好的你。”

【王永福老师讲评】

课程一结束，我马上对Peter说：“你表现得非常好！”他笑得一脸开心，马上打电话与家人分享。但是之前在他还没有改进时，板起脸来批评他、要求他改进、态度最严厉的人，也是我！

身为教练，你有说真话的勇气吗？而身为选手，你有听真话的勇气吗？

如果你身边有人愿意冒着与你交情变差的风险，跟你说真话，而且还会具体告诉你什么地方应该改进，以及如何改进，请记得要好好珍惜啊！

45 什么是说出影响力

——“一起面对、一起分享”的带人哲学

有一次课堂中，我问身为中层主管的学员们：“你们印象中，最深刻的一次说出影响力的场景或话语是什么？这些话为什么影响着您或他人？”

信宏的故事

信宏是金融业的中层主管，从柜员开始，一路虽不算平步青云，但也一步一脚印，闯出一番成就。

我邀请学员分享他们在担任主管历程中一个成功或失败的管理经验，信宏现场的分享很让人感动，我又约了他见面。

我问：“愿意多谈一些吗？”

信宏的再次分享，让我赞叹不已。

踏入金融业二十年，也曾在大银行工作，虽然福利不错，但是他仍放弃这条路，转向保险工作。在保险业历练期间，他交出不错的成绩。

那些年他表现优异，之后，他从保险公司转至金融业，负责管理银行的理财业务，直到2008年全球金融风暴。

不一样的新主管

2008年，信宏当上爸爸，也顺利考取EMBA（高级管理人员工商管理硕士），但伴随金融风暴来袭，信宏当时服务的银行行内四分之一的同事，不是自己离职，就是被公司裁员。信宏对于保不住自己的同事，自觉失职，也十分懊恼。

他最不能忍受的就是，许多该负责任的中层主管纷纷拍拍屁股就离职，走的人一了百了，却将烂摊子留给后面接手的人。信宏选择留下来跟同事奋战到最后一刻，然后他遇到了新任副总“黄老大”。

信宏一开始对他半信半疑。

某次与陈姐的对谈，让他看到新主管的担当。

陈姐因为受金融风暴影响，损伤惨重。某天，陈姐在大热天的午后走进银行，坐下之后，以歇斯底里的口气加上拍桌子，用极尽恐吓的口吻对黄副总与信宏说：“要是今天得不到赔偿，我会找律师告你们，大家走着瞧。副总，你留下来，那个胖子，你滚。”

信宏认为陈姐指的胖子就是他，大为光火。

黄副总：“陈姐，若是同事服务不当，或是工作流程有瑕疵、相关风险未尽告知义务，您可以向我们反映，可是我不能接受您一见面就羞辱我的同事。信宏你坐着，不用出去。”

“陈姐，您满嘴脏话，又对我们做人身攻击，我是法律系毕业，您如果需要律师，我有不少朋友可以帮忙，我也有法官朋友，要不要我帮您介绍？欢迎您按照程序来，这会议室有全程监控录像，我们都可以帮您做记录。”

最后，客户在叫骂中扬长而去。

黄副总转头拍着信宏的肩膀说：“这阵子你辛苦了，虽然你来银行时间不长，但你处理客户投诉是全行最好的职员之一，你只要帮我确认银行在流程中站得住脚就可以了。走吧，我们去喝杯咖啡。”

最有影响力的两个字

信宏鲜少能跟银行的高层领导喝下午茶，长期处理客户投诉的压力终于有人分担，其实只有两个字——一起。

他们一起奋斗，一起处理问题，一起想方法，一起面对顾客。信宏心想："虽然主管面对客户投诉的方法不尽理想，但黄副总果然有担当，同事都很心安，相较其他'撂挑子'的领导，'黄老大'的所作所为，深深地烙印在每个人的心中。"

在信宏之后的职业生涯中，"一起面对、一起享受"成为他的哲学，我问他："什么是说出影响力？"

"无畏、无我、无惧、无欲、无所求，才能说出影响力。"我在旁边听他说，自己也上了一课。

【王永福老师讲评】

在这个故事中，"信任"是一切的关键！因为能够"一起"，所以才有办法逐步建立信任。等到信任基础稳固后，不论说什么都能有影响力了。

所以不管是演讲，或是谈话沟通，应该要先思考一件事：如何建立彼此更稳固的信任关系？强化听从对你的信任，让听众知道你是谁，为什么你说的这件事情很重要。解除听众的怀疑及不信任，绝对是建立影响力的重要步骤。

46 练习改变，练习说出影响力

——一加六的演讲擂台

一加六，别开生面的演讲

我安排了一场别开生面的演讲，不同以往。我邀请我的6位学员上台，分享他们练习改变的故事。

第一位：亚洲潜水PADI国际专业潜水教练协会白金课程总监——陈琦恩

他一上台的开场白就是："PPT画面上的人是我爸，1986年华航空难的黑盒子，就是他找到的……，我从小在'讨海'家庭长大，全家靠着海事工程过日子，简单讲就是海里的工人，简称'海人'。"

"全球有60位PADI潜水白金课程总监，会说台语的只有我。"

琦恩的Why me与金句非常强，给人的记忆尤其深刻，虽然肢体略显僵硬，但完全不失他专业潜水教练的帅模样，尤其是提到应该要改变海洋文化，多与海洋接触，并减少丢垃圾的行为，让观众十分认同。

——金句是王。

第二位：《1082万次转动》的作者张修维

修修用他多年前80多公斤的胖身材为例，道出他改变的诱因。原来年轻的他被镜中自己宛如中年大叔的腰围的恐怖影像给吓到，下定决心减重，并参加铁人三项和超级铁人三项运动，最后单车环游世界25000公里。

——只有经历，才是生命。

第三位："女人进阶"的版主张怡婷（Eva）

Eva精准的口才、甜美的外貌、不疾不徐的语速，说出身为职业妇女的辛酸与苦处，还有在科技行业中杀出一条精彩道路的过程。虽然只有短短的7分钟，全场无不感动，尤其她在诉说生命历程时，诙谐幽默中又带点禅意，很有特色。她在演讲中大声呼吁职业妇女改变工作与家庭时间配比，重新调整天平，最让我印象深刻。

——口才仪态，无人能敌。

第四位：牙医诊所院长邓政雄

他是6位演讲人当中年纪最长的，一抹微笑总是挂在脸上，他用略带自我调侃的口吻，说出多年前接手牙医诊所后，从病人满坑满谷，到减半打对折，再到最后只剩下四分之一数量的病人的过程。之后又讲述他如何利用自我定位与改善就诊环境，让诊所重获患者认可。其中还有一段9位大嫂围住诊所，抗议挂号费涨价的有趣故事，不仅令现场观众笑翻，也让大家思考社区诊所存在的价值与意义。

——亲身经历，才是王道。说自己的缺点，大家都会相信是真的。

第五位：老K医生

他告诉我们："珍惜现在，拥抱生命。"他的故事是："宅男医生带着两支荧光棒，一个人去看五月天演唱会，只为了老婆临终前的一句话……"。这故事让现场观众红了眼眶，虽然我听了五六遍，此次仍然心酸不已。老K医生描述自己如何度过丧妻之痛，改变心情，重新发现生命意义的心路历程。他向听众倾诉内心的挣扎与纠葛，令人动容。

——生命的历程，本是故事。真实故事，最能打动人心，其他都仅是包装。

第六位：小卡，庄舒涵老师

她的开场白是："去年12月，我的好朋友告诉我，他的肝脏纤维化……"，一个直接切入主题的开场白。小卡就是那么有义气，对朋友的病情，当作自己身体般重视。她在短短的7分钟之内，从叙述陪伴生病的朋友，谈到自己文笔进步的过程，从原本每天只有一百人看的文章，到写出一篇超过千人分享、八万人浏览的好文。从笔拙到笔活的内在转折，通过她的演讲，展现得淋漓尽致。

——女性的温暖与毅力，不容小觑。

从演讲擂台中学到的事

那天的我，觉得自己是全世界最"富有"的人，客户、学员愿意帮助我，我带给现场观众"练习改变"的观念与方法，还有6位演讲者的现身说法，除了传达理念，也让听众在感动之余，能在自己的生活与工作中"练习改变"，这不就是"说出影响力"吗？

这场演讲结束后，我与6位演讲者分享了三件事。

1. 真实故事，才能打动人心，其他都只是包装。

2. 演讲的时候，往前站一点，不要越站越靠后，试着接近观众，观众也会温暖回应。

3. 6位都表示是我给了他们舞台，我却说："是你们教会了我勇敢。"

【王永福老师讲评】

不知怎么，看完这篇故事，我的眼泪簌簌地流了下来。故事中的每个人物我都认识，虽然大家都称呼我们是教练，但其实是大家教会了我们很多事，不管是努力工作，还是努力生活。我们在互动的过程中，彼此都学到了很多。

当你凡事尽心尽力，上台就能充满魅力！谢谢大家，我们也学习了！